잠시 멈춘________

________세계 앞에서

잠시 멈춘 세계 앞에서

역사가 이영석의 코로나 시대 성찰 일기

2020년 8월 10일 1판 1쇄 발행
2022년 6월 13일 1판 3쇄 발행
지은이 이영석
펴낸이 박혜숙
디자인 이보용
펴낸곳 도서출판 푸른역사
우) 03044 서울시 종로구 자하문로8길 13
전화: 02)720-8921(편집부) 02)720-8920(영업부)
팩스: 02)720-9887
전자우편: 2013history@naver.com
등록: 1997년 2월 14일 제13-483호

ISBN 979-11-5612-171-8 03900

역사가 이영석의 코로나 시대 성찰 일기

잠시_멈춘 세계 앞에서

푸른역사

책머리에

지금까지 학술적 글쓰기에만 전념해온 나로서는 연구서와 다른 형태의 책을 펴내는 것을 상상조차 하지 않았다. 그러다 3년 전에 퇴직을 앞두고 나의 서양사 연구를 정리하는《삶으로서의 역사》를 펴냈다. 그 후 이와 비슷한 책을 다시 펴내리라고는 생각하지 않았는데, 이제 개인적인 단상을 쓴 글들을 모아 이 책을 내놓는다. 그 이유를 잠깐 설명해야겠다.

코로나 바이러스가 유행하기 전, 지난해 연말부터 나는 스스로 자가 격리 생활을 했다. 전염병 때문이 아니라, 그동안 숙제로 미뤘던 마크 해리슨의 책을 마저 번역하기 위해서였다. 4년 전 해리슨은 한국 방문 도중에 푸른역사 아카데미에서 강연을 했다. 그 자리에 나도 참석했었는데, 강연 후 함께 저녁식사를 하는 자리에서 출판사가 그의 저서《전염*Contagion*》을 출간할 예정이나 역자 선정에 어려움을 겪고 있다는 말을 들었다. 그러면서 박혜숙 사장이 해리슨 책 번역을 요청하기에 그 자리에서 나는 흔쾌히 맡기로 했다. 그간 그다지 상업성도 없는 내 책을 일곱 권에 이르도록, 두말하지 않고 출판해준 인연을 생각하면 오히려 당연한 일이었다. 그러나 의학사 관련 지식이 전혀 없는 데다, 마침 존 실리의 책 번역 과제며, 영제국 해체에 관한 연구서 집필로 경황이 없었다. 결국 번역을 시작하긴 했으나 이래저래 작업을 뒤로 미뤄야 했다. 그리고 거의 3년 가까운 시간이 흘렀다. 퇴직 후 1년간 새로운 생활에 적응하느라 오히려 더 바쁘게 지냈기에 번역을 생각할 수 없었다. 그러다 지난해 연말에 이 숙제를 해결해야겠다고 다짐한 것이다.

스스로 자가 격리 생활을 하다시피 하면서 번역 작업에 매달렸는데, 때마침 코로나 바이러스가 중국에서 창궐하더니 우리나라를 거쳐 곧장 세계적 대유행병이 되었다. 나는 이 전염병이 국지적 전염병epidemic으로, 그리고 다시 대유행병pandemic으로 퍼져 나가는 혼돈의 와중에 번역 작업에 매진했다. 연초부터 3월까지 유행병과 총선 정국의 혼돈 속에서 번역에 매달리는 한편 틈틈이 머리에 떠오른 생각을 페이스북에 올렸다.

3월 중순 번역 원고를 마무리하고 그동안 페이스북에 올린 내 단상을 훑어보니 역사와 세계를 바라보는 나의 시각에 변화가 있다는 것을 느꼈다. 정치와 관련된 글들을 빼고 나머지 글들을 뽑아 살폈다. 내 자신의 삶에 관한 단상, 전염병, 그리고 신천지예수회에 충격을 받아 쓴 종말론에 관한 단편들, 마지막으로 코로나 이후의 세계와 서구중심주의에 관한 글들이 눈에 띄었다.

이 글들만 간추린 후 그 사실을 페이스북에 공지했고 관심 있는 분들이 요청할 경우 편집 파일을 보내드렸다. 그러다 출판사의 제안을 받은 것이다. 해리슨의 책을 번역하는 도중에 쓴 글들인 만큼 번역본 출간과 함께 번역자의 내밀한 단상과 생각을 함께 펴내자는 것이었다. 처음엔 아무 체계도 없고 서로 이어지지 않는 글들을 묶어 낸다는 게 부끄럽기도 해서 적잖이 망설였다. 또 지나고 보면 '묵은' 이야기가 된 글도 보였다. 하지만, 코로나 창궐기에 한 역사가의 내면에 나타난 세계관과 시각의 변화를 보여주는 것이 나름의 의미가 있겠다 싶어 글모음을 내놓기로 했다.

출간 과정에서 출판사와 협의를 거쳐 글을 고른 뒤 이에 대한 수정, 보완은 최소한으로 그쳐 페이스북에 썼던 원형을 유지하려 했다. 완성도도 중요하지만 당초의 생각도 나름대로 값지다고 여겨서다. 이 글들을 읽는 이의 이해를 돕기 위해 집필 시간 순이 아니라 그 성격에 따라 갈래를 짓고 배치를 했다.

막상 책으로 묶어 내려니 아쉬움과 부끄러움, 후련함이 교차한다. 어찌 보면 개인적인 단상들이지만 작은 생각의 실마리를 제공할 수 있다면 필자에게는 더없는 기쁨이 되겠다.

2020년 7월 31일

서울 수유리에서 이영석

1
서재에서 치러낸 코로나 위기

2

대유행병,
역사는 되풀이되는가

3

잠시 멈춘 세계 앞에서

1

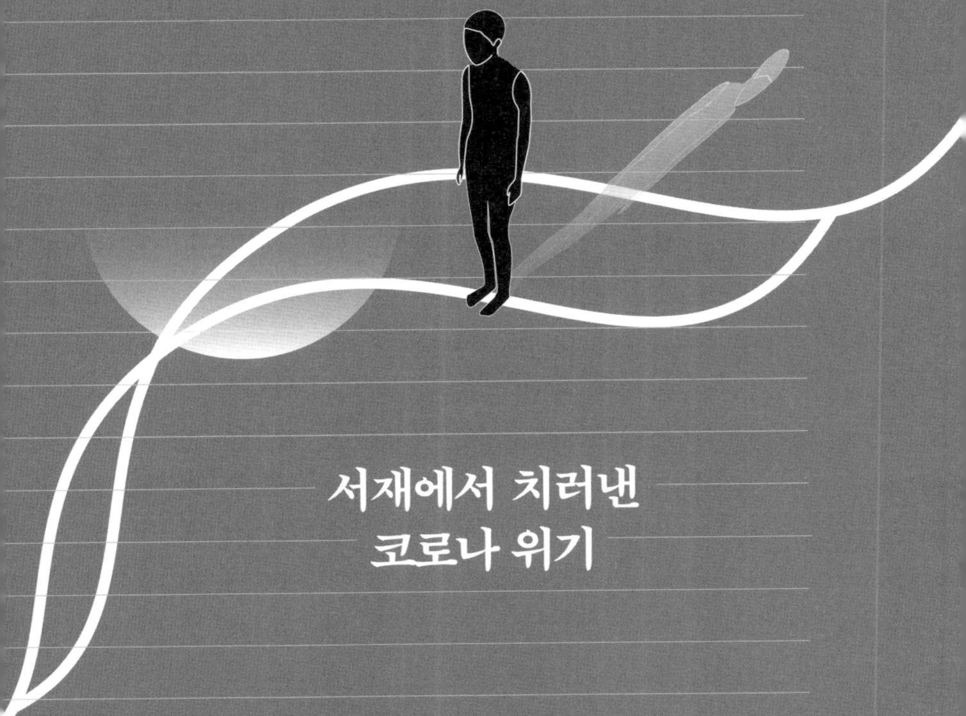

서재에서 치러낸 코로나 위기

한 시대가 저무는가! 01

책과 근대의 종언
-페이스북에 긴 글을 올리는 까닭은

몇 년 전, 사극 〈뿌리 깊은 나무〉가 시청자를 사로잡은 적이 있다. 탄탄한 구성과 배역을 맡은 탤런트들의 농익은 연기가 인기를 끄는 주된 이유였다. 드라마를 관통하는 주제, 즉 백성들이 배우기 쉬운 글자를 만들겠다는 세종의 집념과 이를 막으려는 사대부 세력의 암투를 아주 설득력 있게 그린 것도 인기를 얻은 또 다른 이유였을 것이다.

백성이 글자를 알게 되면 그 후에 무슨 일이 벌어질 것인가. 드라마에서 세종은 그런 문제는 후대의 백성 스스로 책임질 일이라고 말한다. 그것이 그들에게 다행일 수도, 또는 불행일 수도 있겠지만, 세종은 지식의 유포와 더불어 전개될 사회 자체의 역동성에 모든 것을 맡기겠다는 속마음을 드러낸다. 물론 이는 작가의 역사 해석일 뿐이다. 나는 세종의 의도를 이런 식으로 단정 짓는 데 동의하지 않는다.

그러나 드라마의 세종이 기대했던 것과 달리, 훈민정음 반포 후에 백성이 글자로 의사소통하고 새로운 지식을 널리 받아들여 마침내 사회가 변화를 향해 꿈틀거리기 시작했다는 증거는 나타나지 않는다. 수세기 동안 조선왕조는 드라마의 세종이 원했던 그런 역동적인 사회로 이행하지 않고 여전히 정체된 사회로 남아 있었다. 조선에서 '근대'는 아직도 태동하지 않았다. 내가 이렇게 말하는 까닭은, 근대란 무엇보다도 책의 시대와 동의어라고 생각하기 때문이다.

사실 '근대적modern'이라는 말이 영어권에서 처음 나타난 것은 1580년대였다. 라틴어 'modernus'에서 비롯된 그 말은 원래 '바로 지금'이라는 뜻으로 사용되었다. 셰익스피어는 가끔 '널리 퍼진'이라는 뜻으로 쓰기도 했다. 그러다가 점차 의미가 변해 '새로운'이라는 뜻을 갖게 되었다. 이 무렵에 '새로운' 시대, '새로운' 사회, '새로운' 역사 같은 용례가 등장한다.

이와 함께, 지금 이 시대가 새롭다는 당대인들의 인식은 점차 이전 시대를 부정적으로 바라보고 그리스-로마시대를 황금시대로 간주하는, 이른바 고대-중세-근대라는 시대구분을 낳았다. 이 같은 역사인식에서 근대는 끝을 예감할 수 있는 시대가 아니라 언제까지나 계속되어야 할 시대였다. 에드워드 기번은 이렇게 말했다. "자연의 겉모습이 변하지 않는 한, 어느 누구도 원래의 야만 상태로 되돌아가지 않는다고 생각하는 것이 나을 것이다. 우리는 각 시대마다 인류의 부, 행복, 지식 그리고 아마 덕목까지도 증가해왔고 지금도 증가하고 있다는 결론을 받아들여야 한다.” 사람들이 근대의 끝을 감지하고 언급하기 시작한 것은 19세기 말 이후의 일이다.

유럽사에서 서적 인쇄술은 근대가 시작되던 무렵에 보급되기 시작했다. 인쇄술과 책이야말로 근대가 이룩한 무수한 성취의 원인이자 결과물이라고 할 수 있다. 활판인쇄술의 발명과 서적 보급은 유럽 사회에 근본적인 변화를 가져왔다. 18세기에 접어들면서 글을 읽을 줄 아는 다수의 남녀가 독자층을 형성했다. 지식의 유포와 더불어 사회가 역동적으로 변하기 시작했다. 미라보 후작이나 애덤 퍼거슨 같은 계몽시대 지식인들이 ‘civilisation’이라는 말을 만들고, 유럽만이 ‘문명’을 가지고 있으며 유럽이 곧 ‘문명’이라고 자부한 것도 이런 분위기를 감지했기 때문이다.

19세기에 이르면 신문과 잡지를 비롯한 새로운 형태의 인쇄물이 쏟아져 나와 식자층을 넘어 일반 대중에게까지 널리 보급되었다. 제도교육의 확대, 문자해독률의 전반적인 상승과 함께 급속하게 증가한 잠재적인 독자층을 이들 새로운 인쇄물이 끌어들인 것이다.

근대의 원인이자 결과물인 그 책의 시대가 바야흐로 저물고 있다. 이미 디지털혁명 이전에 책의 시대가 저물고 있다는 징후는 여러 곳에서 나타났다. 인쇄물이 증가하면서 불가피하게 그 질이 떨어졌고 책 자체가 다른 매체의 영향을 받게 되었다. 신문, 잡지, 서적에서 이전보다 훨씬 더 자주 이미지가 활용되고, 영화와 텔레비전의 등장 이후 영상언어가 문자언어보다 더 커다란 위력을 발휘하게 되었다. 이런 상황에서 사람들의 상상력을 지배하는 것은 문자가 아니라 회화적 이미지와 영상이다.

오늘날 영상언어와 이미지의 승리는 거의 결정적이다. 영상언어와 이미지의 영향을 받아 사람들은 머리를 싸매고 정신을 집중하는 형태의 독서를 멀리한다. 아니, 진저리를 치는 것 같다. 영상언어로 표현되는 정보와 지식은 찰나적으로 그저 스쳐지나가는 방식으로만 제공된다. 그런 언어는 기를 쓰고 기억할 필요가 없다. 어디서나 편리한 디지털 기기로 재현하고 불러낼 수 있기 때문이다.

아직도 하루 대부분의 시간을 읽기와 쓰기에 할애하는 나는 분명 근대인의 외투를 벗어 던지지 못했다. 읽기와 쓰기에 익숙할 뿐 다른 자극이나 다른 매체의 위력을 맛보는 모험을 즐기지도 않는다. 어쩌면 나와 같은 부류는 한 세대 후에 화석으로 변할지도 모르겠다. 그러니까, 이 부류에 해당하는 사람들의 고집과 완고한 태도를 우려의 눈길로 바라볼 필요도 없다. 그들의 강력한 성채였던 대학에서도 점차 소수자로 밀려나고 있으니 말이다.

사족 한마디. 한 지인이 페이스북에 왜 그렇게 긴 글을 올리느냐고 물었다. 글쎄, 왜 긴 글을 올리게 되었나? 처음부터 이런 생각을 하지는 않았는데, 또 다른 지인으로부터 책을 싫어하는 젊은 세대도 페이스북에 올라온 글은 길이에 상관없이 읽는다는 말을 듣고 나서 실험삼아 올리기 시작했다. 그렇다면, 그것은 디지털시대에 근대인의 마지막 몸부림일까, 그 시대에 살아남는 법을 배우려는 것일까, 그것도 아니면 시대와 불화하는 아웃사이더의 항의인가? 나 자신도 알지 못한다.

팬데믹의 위기 이후를 기대하며

《삶으로서의 역사》(2017) 앞부분에서 왜 서양사를 공부했는지 그 이유를 간략하게 언급한 적이 있다.

> 당신은 왜 한국의 역사가 아니라 영국사를 공부하는가? 영국 역사가들을 만날 때마다 그들이 항상 묻는 질문이다. 이런 질문을 받으면 조금 당황스럽다. 나는 왜 영국 역사를 공부하고 있지? 물론, 내 나름대로 준비한 답변이 있다. 대충 다음과 같은 내용이다. "1970년대에 한국에서 대학을 다녔던 학생들은 자신의 문제보다는 조국과 사회의 문제를 고민했다. 당시 군부독재에 좌절하고 분노하면서도 이 나라의 바람직한 근대화가 무엇인가를 진지하게 고민했다. 나는 당시 한국의 가장 중요한 사회변동이 산업화라고 생각했고 바람

> 직한 산업화의 경로 또는 산업화 이후의 올바른 방향을 알고자 했다. 이런 문제의식에서 최초의 산업화라고 할 수 있는 영국의 사례에 관심을 가졌던 것이다.

대충 이렇게 말하면, 그들은 감동받은 표정을 짓는다. 사실, 유럽의 학자들이 이와 같이 치열한 문제의식을 가지고 학문의 길에 발을 들여놓은 경우는 드물다. 말 그대로 역사에 흥미를 가져서 대학원에 다녔고 그러다보니 연구자의 길로 들어섰다는 식이다. 그들의 서사에 비하면, 나의 준비된 대답은 상당히 그럴듯하고 낭만적이기도 하다. 젊은 후배 학자들과 담소를 나눌 때에도 비슷한 이야기로 대답한다. 나는 1999년에 펴낸 책 《다시 돌아본 자본의 시대》 후기에서 자세히 밝힌 적이 있다. 아마 이런 내용이었을 것이다.

> 나는 유신시대에 학교를 졸업하고 학문의 길에 들어선 상당수의 사람들이 그러했듯이, 그 시대를 치열하게 살았던 주위의 동료들에게 마음의 빚을 지고 있었다. 그 부담을 덜기 위해서는 학문 자체가 우리 사회의 현실을 분석하고, 미래의 운동에 도움이 될 수 있어야 했다. 나도 역시 그런 강박관념에 사로잡혀 있었으므로 여전히 한국 현대 사회에 관심이 있었고 그 사회를 이해하는 관건은 산업화라고 생각했다. 그런 점에서 우리보다 한두 세기 전에 산업화를 겪었던 영국의 사례

는 한국 사회를 이해하는 데 도움이 될 것 같았다. 그것은 서양사를 도피처로 삼은 데 따른 자괴감과 자기희생의 길에 들어선 몇몇 동료들에 대한 부담을 동시에 덜 수 있는 주제라고 여겨졌다. 영국의 산업화를 섭렵한 다음에 본격적으로 한국 현대 사회에 대한 탐구를 계속하면 되지 않겠는가. 당시 20대의 젊은이였던 나는 젊음의 패기를 내세우며 이 같은 시건방진 야심을 품었다. 산업혁명으로 나아가는 나의 학문적 여정은 이렇게 시작되었다. 그 길이 매우 고통스럽다는 것을 나는 곧바로 깨달았으나 거기에서 빠져나올 수가 없었고, 수십 년이 지난 지금에도 그 여로는 끝나지 않았다. 내가 나태한 탓도 있겠지만, 그보다는 어리석은 환상에 사로잡혀 선택한 것에 따른 업보라고나 할까. 참으로 불행한 일이 아닐 수 없다.

서양사를 공부한 것은 분명 근대화 콤플렉스에서 비롯되었다. 그러다 어느 시기부턴가 나는 그 콤플렉스에서 벗어났다. 서구는 왜 실패했는가에 초점을 맞추게 된 것이다. 특히 영국사를 근대화론의 시각에서 바라보기보다는 절충론적 시각에서 그들의 좌절과 모호함과 그리고 전통과 혁신의 혼재에 더 관심을 기울였다. 이는 내가 민족주의 감정이 짙어서라기보다는, 한국의 근대화와 민주화운동, 그리고 수많은 사람들의 헌신과 노력으로 성취해나간 국가 발전에 알게 모르게 영향을 받았기 때문이다.

이번 코로나 사태를 겪으면서 우리 사회와 우리의 국가 시스템이 이제는 본궤도에 오르지 않았나 조심스럽게 예단해본다. 특히 19세기에 이미 근대화를 겪었던 서유럽과 북미, 그리고 심지어 이웃 일본의 사례를 놓고 보더라도 그렇다. 팬데믹 위기가 지나간 후에 나는 한국 사회가 새로운 자신감을 가지고 새로운 능동성을 보여주리라고 생각한다. 이제는 남을 바라보고 남을 뒤쫓고 상대적으로 열등감을 느끼는 것이 아니라, 스스로가 새로운 모델과 새로운 전범을 만들어나가야 하는 새로운 국면에 진입하고 있음을 절감하게 될 것이다. 개인의 자유와 자율을 소중히 하면서도 공적 헌신과 자발적 참여에 바탕을 둔 사회. 아직도 한두 세대 전의 고정관념에 사로잡힌 수구보수 친미사대주의자들은 상당히 당황하는 정도가 아니라, 말로 형용할 수 없는 열패감을 느끼겠지만.

세계사의 새로운 변곡점이 도래하는가

최근 미국의 위기가 현실로 다가온다. 선비도 사흘 굶으면 도적이 될 수밖에 없다. 사흘 굶어도 태연하게 뒷짐을 진 사람은 위선자이

거나 군자의 도를 깨달은 사람이다. 궁즉통窮則通이 아니라, 궁하면 본색이 드러난다. 궁하면 본색이 드러난 이 나라의 운명을 본다. 극단적 개인주의, 공공성의 파괴, 차별과 배제, 폭압적 지배, 패권 국가, 중우정치, 대의민주주의의 위기 등 이루 헤아릴 수 없는 말기적 증상을 보여주는 나라.

며칠 전 백인 여성의 묶지 않은 개를 둘러싼 시비, 공권력에 의한 흑인 남성의 질식사 등이 이 말기적 증상을 단적으로 보여주는 서사다. 개별적인 비극은 일어날 수도 있다. 그러나 그 이후 진행 과정에서 정치적, 사회적 소통과 해결의 절차는 생략되고 분노가 또 다른 분노를 부르며 폭력이 또 다른 폭력을 부르는 혼란으로 이어지고 있다. 국가 거버넌스가 붕괴된 느낌이다.

코로나-19에 가장 취약성을 드러내 다른 타깃을 정조준함으로써 그 부끄러움에서 벗어나고 은폐하려는 나라. 이는 한 나라의 전락만을 뜻하는 것이 아니라 '근대 문명'의 조락을 상징적으로 보여주는 것이다. 얼마나 더 낮은 데까지 전락해야 우리는 그동안 당연하게 생각했던 주위의 체제와 관행과 습속이 근본적으로 잘못되었다는 것을 자인할 수 있을까. 얼마나 더 큰 혼란에 직면해야 우리는 우리가 지녔던 기존의 세계관과 가치체계가 더이상 지속될 수 없다는 것을 깨달을 수 있을까?

사실 역사의 심각한 위기, 실제로 변곡점으로 바라볼 수 있는 결정적인 위기는 이전 시대에도 자주 나타난다. 지금부터 65년 전 실제로 현대사의 한 변곡점이 있었다. 수에즈 위기. 1952년 이집트에서 군사쿠데타가 일어난 후 영국은 수에즈운하 주변 지역에 대한 조차 기간 연장 협상에서 수세에 몰렸다. 이집트의 나세르 정부는 협상에 비타협적이었고 1956년 7월 26일 전격적으로 수에즈운하 국유화를 단행한다. 그 이후 운하 관련 당사국 회의, 유엔회의 등 국제정치가 숨 가쁘게 돌아가는 와중에 이 사태를 보는 영국과 미국의 입장 차이가 분명하게 드러났다. 그해 10월 말 영국은 프랑스, 이스라엘군과 함께 이집트를 침공해 운하 주변 지역과 시나이 반도를 점령한다. 상황은 영국의 의도대로 흘러가는 것처럼 보였다. 그러나 이 시도를 저지한 것이 당시 미국 아이젠하워 정부였다. 미국은 곧바로 영불 연합군의 철수와 협상을 통한 문제 해결을 촉구한다.

수에즈운하가 마비된 상황에서 영-미관계의 악화가 가시화하자 파운드화가 폭락했다. 영국 외환 당국이 수습할 수 없을 정도로 낙폭이 컸다. 영국은 결국 미국에 금융 지원을 요청했는데, 미 당국의 조건은 점령군 철수와 원상회복이었다. 금융위기에 직면한 영국은 군사작전을 감행한 지 고작 6일 후에 다시 군대를 철수하고 미국의 요구에 순응하는 외교 굴욕을 당했다. 팍스-아메리카나의 기치가 올라간 것은 이미 제1차 세계대전 이후부터라고 할 수 있겠지만, 그것이 명백하게 전 세계 사람들에게 각인된 것은 수에즈 위기 때였다. 그 후 영국은 스스로 제국 해체의 길로 들어섰고, 미국은 나토를 통한 서방 지배와 아시아-아프리카 국가들에 대한 원조를 확대함과 동시에 동유럽 사회주의권을 봉쇄함으로써 패권국가의 지위를 공고히 했다. 이 사건은 분명 하나의 변곡점이지만, 우리가 그다지 주목하지 않은 것은 한 강대국에서 다른 강대국으로 국제 지배 패권의 이동이 특별한 충돌과 파열음 없이 완료되었기 때문이다.

제1차 세계대전 이후 경제의 중심축은 이미 미국으로 이동했지만, 영국은 해외 투자자본, 파운드 기축통화, 국제 거버넌스 역량, 외교력, 문화적 자산 등에 힘입어 이전보다는 위축되었지만, 그래도 국제관계에서 어느 정도 주도권을 행사할 수 있었다. 이를 위해서는 영미 협조체제가 필수적이었다. 제2차 세계대전 이후 경제의 중심축은 미국으로 더 기울었고, 영국은 세계에 흩어진 제국을 관할하고 조정할 능력을 점차 상실했다. 그럼에도 같은 전승국으로서 미-영 협조체제를 기반으로 쇠락하는 제국의 영향력을 유지하려고 애썼다.

IMF-GATT체제는 경제와 국제무역에서 미국 중심의 팍스아메리카나를 공식 선포한 계기였지만, 전후의 새로운 무역질서를 도출하는 데에는 영국의 조정과 협조가 필수적이었다. 케인즈가 동분서주 활약했던 것도 이 때문이다. 사실, 영-미(미-영) 협조체제는 두 나라의 역사와 문화적 기반의 공유점을 기반으로 한 것이지만, 동시에 국력이 어느 한쪽으로 완전히 휩쓸리지 않은 어느 정도

대등한 동반자 관계를 전제로 하는 것이었다. 그러나 그 균형은 1950년대에 더이상 성립되지 않았다. 어쩌면 영국의 이든 정부가 모험을 감행한 것은 그 동반자 관계가 사실상 무너진 당시 상황을 잘못 판단했기 때문인지도 모른다.

코로나-19의 혼란과 위기가 계속되는 가운데 미국과 중국의 대립이 갈수록 심화되고 있다. 미국은 코로나 위기에 잘못 대처함으로써 국가적 난국을 맞았고, 이 난국에서 그동안 내연해온 정치, 경제, 사회의 난맥상이 일거에 폭발하고 있지 않나 하는 우려감이 들 정도로 총체적 위기를 겪고 있다. 그런데도 트럼프는 위기탈출 전술로 중국과 첨예하게 대립하고 호전적인 언사를 서슴지 않는다. 흑인 사망 등으로 조성된 국내 소요를 벗어나기 위해 더 군사적 모험을 감행할 수도 있다는 위기의식이 감돌 정도다.

코로나-19 이후 이 일련의 사태는 현 세기 역사와 국제질서의 한 변곡점이 분명하다는 것을 일깨운다. 다만 수에즈 사태와 다른 점이 눈에 띈다. 현재 미국과 중국의 경제력은 어느 쪽이 우월하다고 단정할 수 없이 균형을 이룬다. 장기적으로는 중국의 우위로 기울겠지만, 지금 현재는 균형을 이루고 있다. 이에 비해 미국은 중국을 압도하는 군사력을 보유하고 있다. 반면, 코로나 위기에 중국은 1당 지배와 감시체제의 효율성을 극대화하는 총력전을 펼친 끝에 그 위기에서 가장 먼저 탈출했다. 미국은 무능한 연방정부의 잘못된 대응으로 미국 역사상 전대미문의 국가적 위기에 빠져 있다.

이 위기가 깊어질수록 호전적인 정책에 대한 선호도가 높아질 수 있다. 이른바 '사회 문제의 대외수출'이다.

더욱이 미국 정부와 지배층은 뿌리 깊은 오리엔탈리즘 시각으로 현 국제정세를 바라본다. 이들의 서구중심주의와 오리엔탈리즘은 동전의 양면과 같다. 중국의 부상을 더이상 간과할 수 없다는 것, 중국으로 패권 이동을 인정할 수 없다는 것, 이런 다짐과 주장 속에서 그들의 오리엔탈리즘이 작용한다. 그러나 적어도 19세기 초까지 중국 경제와 문명은 전 세계의 중심축이었다. 유럽은 세계사에서 주변이었던 것이다. 이렇게 보면, 중국의 부상과 등장은 유라시아 대륙 중심의 문명사에서 잠깐의 일탈을 지낸 후 다시 정상으로 되돌아오는 긴 변화와 여정으로 해석할 수도 있다.

수에즈 위기와 현재의 위기를 비교하면, 공통점도 있지만 전혀 다른 상황을 발견할 수 있다. 그만큼 위기가 또 다른 위기를 부르고 대립과 충돌이 또 다른 충돌을 빚어낼 가능성이 높은 것이다. 이 위기를 해소할 국제 거버넌스의 회복이 무엇보다도 중요하다. 중국과 미국은 대화를 단절하고 각기 자신의 전략과 전술을 진행하고 있다. 다른 국가들 또한 코로나 위기로 자국 문제 해결에 골몰하고 있다. 유엔은 전혀 제 기능을 행사하지 못하고 있다. 새로운 변곡점을 맞아 국가 간 중재와 대화의 복원이 다시 중요해졌다. 이 난제를 어떻게 풀어나갈 것인가.

02 역사와 나, 그 끈끈한 인연

인연의 끈은 희미해도 언젠가 이어진다

푸른역사의 의뢰를 받았지만, 2년 이상 다른 일 때문에 밀쳐 두었던 마크 해리슨의 의학사 책을 이번 겨울에 번역하기로 마음먹는다. 《*Contagion: How Commerce Has Spread Disease*》(2012). 페이지도 많은 데다가 글줄도 너무 촘촘하고 책도 두꺼워서 다른 책들 두 배 분량이 아닐까 싶다. 지금까지 50쪽가량 우리말로 옮겼을 뿐이다. '의료사회사'는 원래 잘 아는 분야는 아니고, 시기도 16~18세기, 다루는 공간은 유럽 전체와 아메리카 대륙에 걸쳐 있다. 그러다보니 의학 전문용어에 각 언어권의 무수한 고유명사와 인명, 게다가 단순하지 않은 만연체 문장까지, 번역하기가 이만저만 까다로운 게 아니다. 이번 겨울에는 서재에서 주로 이 책을 번역하겠다는 야무진 계획을 세웠다.

하지만 시작 첫날부터 일이 꼬이고 말았다. 수십 년간 잊고 있던 희미한 기억의 끈을 새롭게 되살린, 소설 속 이야기 같은 일이 일어난 것이다. 나와 직접 관련된 일이 아닌데도 흥분되어 다른 일이 손에 잡히지 않을 정도였다. 도대체 어떤 기억이고 어떤 인연인가.

낯모르는 분이 휴대전화 문자 메시지를 보냈다. "언제 전화 받을 수 있으세요?" 받을 수 있다고 문자를 보내려다가 성질 급한 내가 전화를 걸었다. 그리고 그 상대방과 무려 30분 이상 대화를 나눴다. 한국정치사상사를 전공한 어느 여교수의 전화다. 그분은 한국연구재단 출판 지원을 받아 새뮤얼 스마일스Samuel Smiles의 《자조론》이 동아시아에 소개되는 경로를 추적한 저술을 거의 마무리하는 중이었다. 매우 흥미로운 주제다. 이 주제에 몰두하면서 지난 몇 년간 여름마다 영국에 체류했다고 한다.

국내에 《자조론》에 관한 연구가 있는지 찾아보다가 최근에 내 글을 발견했다는 것이다. 1993년 노명식 선생 고희를 기념해 출간된 《시민계급과 시민사회》에 〈자조—19세기 영국 중간계급의 가치와 노동귀족〉이라는 글을 기고한 적이 있다. 그분은 한 세대 전에 내가 이런 주제의 글을 썼다는 사실에 우선 놀라워했고, 또 그 글에서 적지 않은 도움을 받았다고 한다. 자연스럽게, '이영석'이 어떤 사람인가 추적하다가 내가 펴낸 여러 저술과 논문에 관한 정보를 얻게 되었다.

특히 그분은 내 회상기 《삶으로서의 역사—나의 서양사 편력기》를 다룬 한 서평을 학술정보 사이트에서 다운받았다고 했다. 부산교대 전진성 선생이 《서양사론》 137호(2018)에 기고한 서평이다. 전 선생은 내가 부끄러울 정도로 상찬의 말을 남겼고, 그와 동시에 그 책 전체를 통독해 나의 학문 탐구와 그 편력 과정을 상세하게 소개했다.

서평에서 전 선생은 내가 수십 년간 지독하리만치 절제와 근면으로 일관된 삶을 살게 된 결정적인 계기가 된, 고향 친구이자 대학 동창인 한 인물과의 인연을 소개했다. 그 친구는 1979년 남민전 사건으로 9년간 옥고를 치렀다. 나도 약간 연루되었지만 그 친구의 진술서 때문에 훈방조치되었다. 나는 1980년대에 그 친구에 대한 죄의식과 강박증에 시달렸고, 그 죄책감에서 벗어나고자 오히려 연구에 전념하는 생활태도를 갖게 되었다.

그 여교수는 부산교대 한 지인의 소개로 전 선생과 통화해 내 전화번호를 알아낸 다음, 내게 연락을 취했다는 것이다. 이렇게 끈질기게 추적할 필요가 있을까 하고 의아했는데, 대화를 나누면서 그분의 심정을 충분히 이해할 수 있었다. 그분의 질문 내용은 두 가지였다. 하나는 내 다양한 연구목록 가운데 '자조'와 관련해 더 참조할 수 있는 연구들을 소개해달라는 것이고, 다른 하나는 전진성 선생의 서평에 잠깐 나오는 그 인물이 1970년대 말 정신여중 교사였느냐고 묻는 것이었다. 내가 맞다고 하니 매우 놀라면서 40년 전의 인연을 전해주었다. 전화뿐 아니라 이메일로 더 자세한 내용을 전했다.

1979년 그 여교수는 같은 과 친구와 함께 그 친구가 근무하던 정신여중에 교생 실습을 나갔는데, 과 친구의 지도교사가 그 친구여서 자주 만났다고 한다. 그 친구는 당시 가장 인기 있는 총각선생으로 유명했다고 한다. 3주 실습을 마치고 마지막 주 개천절 휴일 다음 날 학교에 갔더니 그 지도교사가 학교에 나오지 않아 이상하게 생각했다고 한다. 1979년 9월 초에 사건이 터졌고 나도 그 무렵부터 한 달 이상 친구 집을 전전하며 도피 생활을 했던 기억이 난다. 그 친구가 잡혀갔다는 소문이 학교에 널리 퍼져 있었다. 이들은 너무 경악하면서도 그럴 리 없다는 생각에 그 친구가 기거하던 아파트를 찾아가기까지 했다는 것이다. 그곳에서 서성이다가 수상하게 여긴 경찰에 끌려가 하루 종일 조사를 받기도 했단다. 원래 학생운동과 거리가 멀었던 이들은 혐의가 없어서 훈방되었지만, 그 사건은 그 여교수와 친구에게 결코 지워지지 않는 트라우마가 되었다. 오랜 시일이 지난 후에야 그분은 그 충격에서 벗어날 수 있었다고 했다.

그분은 그 친구의 인생역정과 근황을 궁금해 했다. 나는 그가 출옥한 후에 전교조 활동에 전념했고 위원장까지 지냈다는 것, 복직한 후에 고흥에 자리 잡았고, 은퇴한 후에는 농촌 초중등학생을 대상으로 다양한 프로그램을 제공하는, 일종의 대안교육 활동에 전념하고 있다고 알려줬다. 물론 그 친구와 연락도 했다. 그 친구도 그 당시 지도하던 교생을 어렴풋이 기억하고 있었다. 자신이 먼저 사과해야겠다는 말도 덧붙였다. 조만간 세 사람이 만나기로 했다. 어떻게 내가 중간에 연결고리가 되기는 했지만, 40년 전 작은 인연을 되살려 노년의 나이에 서로의 소식을 듣고 또 조만간 다시 만나기로 했으니 참으로 기적과 같은 일이다. 희미한 실마리를 끈질기게 추적한 그 여교수의 노력으로 40년 전의 기억이 현실에서 되살아난 것이다.

삶에서 진정 중요한 것은

2월 11, 12일 고흥에서 1박하고 올라와 다시 번역 중인 원서의 남은 부분을 잡고 씨름한다. 원래 약속했던 만남이다. 고흥에 정착해 생활하는 그 '친구'는 나의 삶과 거의 운명처럼 얽혀 있다. 어린 시절 같은 마을에서 자랐고, 대학 때 다시 만났으며 그 후로 지금까지도 연락하며 지낸다. 대학시절부터 오랫동안 그 친구의 정체성은 '혁명가'였다. 스스로도 그렇게 자처했고 남들도 그렇게 인정했다. 1980년대에 9년간 옥고를 치렀다. 90년대에는 전교조 활동을 했으며, 그 이후 교단으로 돌아가 고흥에서 정년을 맞았다.

정년 후에는 아예 고흥에 정착해 마을학교운동을 한다. 4년 전에는 어설퍼 보였지만, 지금은 여러 프로그램을 운영하며 바삐 지낸다. 귀촌, 귀농한 여러 인물들, 굴곡 많은 삶을 살아간 분들, 근처 고등교육기관에 재직하지만 조금 삐딱한 사람들, 수십 명을 연결한 네트워크를 만든 다음 이들의 삶, 경험, 지식을 활용해 아이들과 청소년에게 방과 후 대안교육을 제공한다. 말하자면 그는 그 네트워크의 중심점에 자리 잡고서 대안교육 플랫폼을 운영하고 있는 것이다. 원래부터 '운동'의 대가였다.

난로 옆에 자리를 깔고 누워 이야기하다보니 새벽 네 시가 가까워졌다. 그렇게 할 이야기가 많다니. 그만큼 오랜 인연이 있었기 때문이다. 내가 알지 못하는 새로운 사실들, 또 그의 이면에 숨겨졌던 생각들을 발견하기도 했다. 80년대 그가 옥고를 치루는 동안 나는 부담감에 괴로웠다. 그러면서도 그 미안함과 부끄러움이 나를 단련시켰다. 그나마 내가 지금까지 한 우물을 파면서 탐구에 몰입해온 것도 그 덕분이라고 생각한다. 《삶으로서의 역사: 나의 서양사 편력기》(아카넷, 2017)에서 나는 그 친구와의 인연을 잠깐 언급한 후에 그것이 내게 어떤 영향을 가져다주었는지 다음과 같이 썼다.

> 나는 평소 그 친구의 인품과 겸손, 그러면서도 굳건한 의지에 탄복하곤 했다. 그렇지만 '기분 나쁘게도' 감옥 생활을 하

던 1980년대에 그는 나의 내면세계에 들어와 나를 감시했다고 말하고 싶다. 왜 감시라는 표현을 쓰고 싶을까? 그때까지만 하더라도 나는 모든 일에 절박감이 없었다. 집념을 가지고 한 가지 일에 몰두하는 법이 없었다. 어쩌면 신뢰할 수 없는 친구라는 그의 판단이 맞았을 수도 있다. 그 시절 내내 나는 항상 부끄러움을 느꼈고, 그 친구가 수감 중이라는 현실을 잊지 않으려 했으며, 그에 대한 죄책감에 괴로워했다. 지금 생각하면 그 죄책감이 나를 교화시켰던 것 같다. 어느새 삶에 대한 나의 태도가 달라졌다. 말이 많던 나는 과묵하게 변했고, 시간을 아껴 쓰기 시작했다. 나의 인내를 스스로 시험했다. 가능한 한, 모든 현실적인 삶의 욕구를 억누르고, 지금 생각하면 거짓 허상일 수도 있는 '역사' 공부에 매진했다. 그 당시 나는 스스로 고목枯木이 되어야 한다고 생각했다. 찰나적이고 신중하지 못한 나의 삶의 태도를 바꾸려면 고목처럼 모든 것에 거리를 두고 무감각, 무반응해야 하는 것이다. 나는 스스로의 기질과 성벽을 죽였다. 무협소설에서 말하듯이, 환골탈태해야 하는 것이다. 그것이 그 친구에 대한 나의 죄의식을 상쇄할 수 있는 방법이었다. 1980년대가 지난 후, 나는 자기 절제가 자연스러운 그런 삶을 살게 되었다.

혁명가에서 사회운동가로, 교사로, 그리고 농촌 대안교육운동가로 거듭나는 그의 모습을 보면서 다시 진한 감동을 얻는다. 결국 우리 삶에서 가장 중요한 것은 욕망을 승화시키는 일이다. 그는 정말 젊은 시절의 활화산 같은 열정을 불태우고 그 고통과 좌절 속에서 오히려 진실한 삶의 오솔길을 찾아냈다. 아직도 탐구의 열정을 완전히 해소하지 못한 나는 언제쯤 진솔한 삶의 길로 접어들 수 있을까?

나를 키운 것은 부채의식과 죄책감

이전에도 밝힌 적이 있다. 작년 11월 20일인가 아산재단 서평회에서 5년 전에 출간한《지식인과 사회: 스코틀랜드 계몽운동의 역사》(아카넷, 2014)를 다뤘다. 저자의 변에 이어 김기봉 선생(경기대)과 하홍규 선생(연세대)이 집중적으로 토론했다. 은퇴한 노학자에서 젊은 연구자에 이르기까지 20여 분이 서평회에 참석해 열띤 토론을 벌였다. 18세기 중엽 영국 에든버러 지식인 집단의 삶과 담론을 재현한 접근방법, 내가 '사회적 풍경'이라 이름 붙인 방법론에 관심을 나타내기도 했다. 공교롭게도, 이 발표회를 마지막으로 아산정책연구원 서평회를 끝낸다는 주최 측 공지를 듣고 씁쓸했다. 이런 모임이 더 있어야 하는데, 그나마 있던 모임이 없어진다는 것이다.

그 후 김기봉 선생이 토론문을 수정해서 《서양사론》에 실으면 어떻겠느냐고 물어왔기에 이미 2014년인가에 《서양사론》에서 서평을 다뤘다고 이야기해줬다. 당연히 중복해서 취급하지 않겠지만, 실은 토론문에서 나에 대해 너무 부끄러울 만큼 상찬의 말을 해서 내키지 않았던 것이다. 엊그제 김 선생과 다른 일로 통화하다가, 그 서평을 《사림》지에 실었다는 말을 들었다. 이 학술지는 성균관대 사학과에서 발간한다. 사실 나와 인연도 있다. 60년대 1호를 내고 중단했던 것을 나를 포함한 몇 사람이 주도해 1980년대에 복간했으니 말이다.

하지만 내가 가장 싫어하는 말 중 하나가 연줄이다. 광주로 내려가 수십 년 지내면서 나는 철저하게 지연이나 학연을 끊고 지냈다. 사실 연줄이라고 내세울 것도 없지만, 그나마 그러고 싶지 않았다. 아마 촌놈 근성 때문일 것이다. 성균관대에서 학부부터 학위까지 마쳤지만, 동문이라고 해서 출입한 적이 거의 없다. 이 학술지도 마찬가지여서 구독도 하지 않는다. 이전에는 공짜로 보내주는 것을 억지로 받아보았는데, 몇 년 전에 명단을 정리한 후로는 본 적이 없다. 그런데 김기봉 선생이 이 잡지에 서평을 실었다는 것이다. 김기봉 선생은 이 잡지를 내는 수선사학회 신임 회장이기도 하다.

오늘 학술지 사이트를 찾아 그 서평을 다운받아 읽었다. 이전 토론문과 크게 수정한 부분은 없는 것 같다. 맨 마지막 부분을 훑어보니 이전 상찬의 말이 그대로 들어 있다. 이 잡지에 싣는 것을 미리 알았으면 좀 고쳐달라 했을 텐데, 그렇지 못했다. 아래 그 끝부분을 인용한다. 그 까닭은 김기봉 선생의 해석이 바로 '후방가늠자식back-sighted' 해석이라는 것을 밝히기 위해서다.

> 18세기 스코틀랜드의 지적 활력과 에너지가 19세기에는 왜 고갈됐는가. 주변부 지식인이 중심부의 주류로 진입하면 포섭되어 해소될 수밖에 없는 것이 운명인가? 이영석 교수는 저녁노을의 아름다움을 바라보듯이 스코틀랜드 계몽운동을 역사화하는 것으로 만족한다. 그런 감상을 넘어 그들에게서 영원한 경계인으로서 지식인의 자세를 기대하는 것은 시대착오이고 망상인가? 주변부의 중심에 대한 도전의 최종 목적이 중심부에 들어가 복무하는 것인가? 중심부를 접수해서 변화시킬 방법은 없는가? 1929년 스트라스부르그대학이라는 변경에서 출발한 프랑스의 아날학파는 1933년 뤼시엥 페브르가 Collège de France로 초빙되는 것으로 중심부로 진입했고, 그 후 프랑스 역사학을 넘어 세계 역사학의 지형을 바꿨다. 그리고 4세대에 이르기까지 변화의 변화를 하는 탈바

꿈을 거듭했기에 하나의 학파를 형성했다. 물론 영원한 것은 없다. 헤겔 말대로 시대정신의 대변자로서 영웅은 위대하지만 비극적인 말로를 맞이하는 것이 운명이다. 포스트모던 지리학자인 에드워드 W. 소자는 시대정신과 상대적인 '공간정신'의 중요성을 역설했다. 시간은 지나가지만 공간은 장기지속의 구조를 형성해서 인간 정신을 결정한다. 따라서 지식인이 지배권력에 포섭되지 않는 영원한 경계인으로서 진지함과 긴장감을 유지하기 위해서는 평생을 쾨니히스베르크에서만 산 칸트처럼 마음은 비록 중심부를 향해 있었지만 몸은 주변부에서 떠나지 않는 삶을 살아야 하는가? 한국 서양사학자들 가운데 아마 가장 많은 저서를 낸 역사가가 이영석 교수일 것이다. 그런 지칠 줄 모르는 학문적 에너지가 어디서 나왔을까? 아마 수도권 대학 교수가 아닌 지방 변두리의 광주대학교에서 영국사를 전공했다는 명분으로 영문과 교수로 재직했기 때문이 아닐까 생각한다. 주변인이었기에 수도권 대학교수들이 이루지 못한 학문적 업적을 성취했고, 자신을 투사하는 심정으로 스코틀랜드 계몽주의자들을 조명하는 책을 썼으리라. 그런 이영석 교수는 세계의 변방에 위치해 있으면서 역사의 최전선에서 살아야 하는 한반도 지식인의 모범이다.

김기봉 선생 글의 요지는 경계인, 주변인으로서의 나의 삶이 결국 학문적 성취로까지 이어진 드문 사례라는 것이다. 자, 내가 주변인 또는 경계인 의식이 강했을까? 부인하지는 않는다. 그렇더라도 그 의식이 나의 탐구에 원천적인 동력을 부여했던 것 같지는 않다. 《삶으로서의 역사》에서도 밝혔듯이, 나는 1980년대에 수감생활을 했던 내 절친한 친구를 의식하며 공부했다. 그에 대한 부채의식과 죄책감이 나를 채찍질했다. 그리고 오랜 세월이 지난 후에 나는 극기가 자연스러운 그런 사람으로 익숙하게 살게 되었다. 그러니까, 나의 학문 연구에 대한 김기봉 선생의 해석은 그 자체로서는 설득력이 있는데, 나는 약간 동의하기 어렵다. 역시 사실은 견고하지만 해석은 제각각이다.

03 서재에서 치러낸 코로나 위기

이제 터널의 끝이 보인다

질병관리본부, 자원한 의료진들, 지자체 공무원, 전국 보건소와 의료시설. 모두가 혼신의 힘을 다해 코로나 사태를 감당하고 있다. 신천지 명단 파악으로 보균 가능성이 큰 집단에 대한 전수조사와 검진이 가속되고 있으니 다음 주에 변곡점을 넘어설 것이라고 생각된다. 확진자 급증은 오히려 그만큼 전수조사와 검진이 가속도가 붙었다는 것을 뜻한다. 다른 지역에서 지자체 별로 방역조치를 취하는 방식이 처음보다 훨씬 더 체계화되고 있다.

해리슨의 의학사 책 번역. 오늘밤 9장 마지막 부분을 번역하면, 15쪽 분량의 결론만 남는다. 이제 터널의 끝이 보인다고 말을 해도 좋을 것 같다. 이전에도 올렸지만 자의반 타의반 자가 격리에 들어간 지 거의 두 달 가까이 된다. 2년 전 50여 쪽 번역한 후에 밀쳐두었다가 책을 다시 펴들었는데, 코로나 바이러스가 현안으로 대두하면서, 나도 덩달아 이 책 번역에 매달리게 되었다. 2월에는 국내에서도 사태가 심상치 않게 돌아가면서 번역도 속도가 붙었다.

15세기부터 2000년대 사스까지, 공간적으로는 사실상 전 세계. 이를 종횡무진으로 치닫는 저자의 능력에 감탄한 것도 사실이지만, 바로 코로나 바이러스의 확산을 지켜보면서 이 번역이 내 나름으로는 우리 사회에 어떤 의미를 가질 수 있겠다는 생각에 매일 밤늦게까지 번역에 매달렸다.

이 책은 근대 상업과 무역 발달이 질병의 확산과 어떻게 관련되는가를 실증적으로 추적했다. 그와 아울러 19세기 이후 이런 전염병의 확산을 막기 위한 격리와 방역체제가 어떻게 변화하고 바뀌어왔는가를 분석한다. 그에 따르면 인간 전염병뿐 아니라 동식물 전염병까지, 원래 대부분 풍토병이었던 질병이 지역 전염병이나 세계 대유행병으로 확산되는 것은 주로 상업과 교역의 발달에 따른 것이다. 어떻게 보면, 너무 광범위해서 번역하기도 어려웠지만 마지막 장을 읽으면서 새삼스럽게 근래 보기 드문 역작이라는 생각이 든다.

9장에서 광우병과 관련해 한국의 미국산 소고기 수입반대운동을 다룬 부분이 흥미롭기도 했다. 몇 년 전에 겪은 일인데, 기억에서 사라졌다. 책 속에서 눈에 익은 고유명사와 운동단체들을 확인하면서 기이한 생각이 들기도 한다. 원래 해리슨은 한국에 자주 오고 또 관심도 많다. 한국 정부의 대북한정책을 놓고 나와 언쟁을 벌이기도 했다. 서방 언론의 렌즈를 통해 보기 때문이겠지만 그는 북한에 대해 상당히 보수적인 시각을 가지고 있어서였다.

이번 주말에 초벌 번역을 끝내고, 3월 10일까지 재검토, 그리고 각주를 다는 작업을 벌여야 한다. 개강일이 늦춰져서 한숨을 돌렸다. 방역 일선에서 헌신하는 분들에게 감사하는 마음으로 번역에 매진했다. 이번 바이러스를 보니 이전보다 더 진화한 것이 틀림없다. 증세가 늦게 나타나고 증세가 나타나기 전, 그러니까 감염 초기에 오히려 전염력이 높다니 말이다. 바이러스와 인간의 투쟁은 이제 시작 단계인가. epidemic이건 pandemic이건 바이러스의 공격과 엄습은 앞으로 더 빈번해질 것 같다. 해리슨에게 한국어판 서문 부탁하는 메일을 보냈는데, 그가 답장에서 이런 말을 했다. “한국인들에게는 불행한 일이 발생했지만, 어떻게 보면 이 책이 앞으로 한국 독자들에게 더 많은 관심을 불러일으킬지도 모르겠습니다.”

각주 작업을 하다가 얻은 잡학 상식

3월 중순경 출판사로 마크 해리슨의 번역 원고를 보낼 계획이다. 그러니 초벌 번역을 끝냈어도 쉴 틈이 없다. 원고를 재검토해야 하고 또 각주를 달아야 하기 때문이다. 원본은 주註를 미주尾註로 찍었다. 그러나 번역 원고에서는 각주脚註로 달고 있다. 번역 원고에 표시한 주 위치가 정확한지 다시 확인할 필요가 있어서 각주로 처리한 것이다. 원본 말미의 미주 부분을 복사해 그것을 저본으로 삼아 번역 파일에 각주를 달고 있다. 주 위치를 다시 확인도 하면서.

실증적인 연구라 주가 너무 많다. 서장과 본문 아홉 개 장, 그리고 결론까지 합쳐서 주 숫자를 헤아려보니 무려 1,203개다. 이 작업도 며칠간 이른 아침부터 밤늦게까지 계속해야 할 것 같다. 기계적인 반복 작업이라 골치 썩을 일은 없지만 능률이 오를 때도, 그렇지 않을 때도 있다. 지금은 능률이 떨어지는 모양이다. 그럴 때는 다른 생각을 하게 마련이다. 각주를 입력하다가 옥스퍼드 클러랜든 출판사Clarendon Press 이름으로 1997년에 발간된 책을 발견했다.

이 출판사 서적들의 출판사 표기에 대해 지금까지 내가 알기로는 1970년대 이전은 Oxford: Clarendon Press로, 그 이후의 학술서들은 대부분 Oxford: Oxford University Press로 표기하는 줄 알았다. 그런데 1997년판이 나오니까 작업을 잠깐 중지하고 이 문제를 알아보기로 한다. '위키피디아'에 들어가서 출판사 역사를 훑어보다가 내가 몰랐던 사실을 찾아냈다. 수십 년 영국사 공부한 사람이 이런 기본적인 것들을 모르는 경우도 허다하다. 물론, 영국인도 대부분 잘 모르겠지만.

1586년에 설립된 옥스퍼드대 출판사는 이리저리 옮겨 다니다가 1713년 클러랜든 빌딩에 자리 잡았다. 아마 이 건물 이름으로 보아 클러랜든 백작 가문의 기부로 세워졌을 것이다. 그 후 출판사 이름을 Clarendon Press라고 표기했다. 1813년 이 출판사는 독자 건물을 마련해 사무실을 옮긴다. 지금의 서머빌칼리지Sumerville College 건너편 건물에 자리 잡고 있다. 그래도 간행물 표기는 이전과 다름없었다. 20세기 초에 출판사는 런던에도 사무실을 마련한다. 이제 출판물 일부는 옥스퍼드에서, 또 다른 일부는 런던에서 출판되었다. 런던에서 간행된 서적에는 London: Oxford University Press라고 표기하기 시작했다.

그러다 런던 사무소는 1970년 초에 폐쇄된다. 그 이후 옥스퍼드에서 간행된 출판물도 대부분 출판사명을 Oxford: Oxford University Press로 표기하기 시작했다. 그렇다면, 내가 지금까지 상식적으로 알고 있는 사실과 어긋나지 않는다. 그런데 왜 1997년 간행본에 Clarendon Press라고 표기되어 있는가? 누가 정하는지는 모르겠지만, 아직도 가끔 특히 학술적 중요성을 갖는 책은 Clarendon Press로 찍는다고 한다. 허 참.

《전염》 번역 원고를 탈고하고 나서

자정 조금 넘은 지금, 그동안 몰두했던 번역 작업을 끝낸다. 본문 번역은 3월 2일에 끝냈는데, 각주 작업도 만만치 않았다. 총 1,203개의 각주를 입력하면서 설명 주가 자주 있는 것도 그렇지만, 특히 8, 9장에는 문헌자료 못지않게 인터넷 사이트를 전거로 대는 경우가 적지 않아 입력하는 데 애를 먹었다.

새삼 마크 해리슨이 대단한 학자라는 생각이 들었다. 특히 19세기 전염병과 상업세계를 다룬 부분은 압권이다. 여러 지역의 문서고를 섭렵했는데, 도대체 그가 구사하는 언어가 몇 가지 종류인지 궁금할 정도다.

나이 들어서 번역하기란 참 힘들다. 코로나 바이러스로 나라가 온통 신음하는 와중에 이 작업에 집중했다. 오늘날 우리에게 필요한 책이라는 생각이 들어 더 불철주야 매달렸다. 내일까지 출판사에 원고를 넘기기로 했는데 다행히 날짜를 어기지는 않겠다.

그나저나 책 제목이 문제다. 잘 알려진 윌리엄 맥닐의 책 원제는《역병과 인간*Plagues and Peoples*》이나, 국내 번역본은《전염병의 세계사》다. 완전히 의역을 한 셈이다. 해리슨의 책은 원제목이 《전염: 상업은 어떻게 질병을 퍼뜨렸나?*Contagion: How Commerce Has Spread Disease*》다. 책을 관통하는 주제는 전염병과 근대적 경제 활동(상업-무역-세계화)의 관계다. 서로 영향을 주고받고 충돌하며 서로 촉진하는 역할을 한다. 아이러니하게도 오늘날, 돌이킬 수 없는 세계화 추세에 도전장을 내미는 것은 진보적인 사회운동도 아니고 전염병이다. 세계화 추세와 함께 일상적인 경제 활동은 국경과 국민경제를 넘어서지만, 전염병은 다시 희미해진 국경을 되살린다.

이 책 제목도 의역을 해야 할 텐데, 전염병과 상업-무역-세계화, 두 키워드를 연결 짓는 적절한 표현이 없을까. '전염병과 근대 세계', '전염병과 근대 사회', '전염병과 상업의 역사'……. 마음에 드는 표현이 떠오르지 않는다. 아무래도 출판사에 맡겨야 할 것 같다.

어제 하루 종일, 그리고 오늘 새벽 일찍 일어나 번역 원고를 마지막으로 통독했다. 읽으면 읽을수록 오류나 매끄럽지 않은 부분이 나온다. 완전한 번역이란 어렵다. 더욱이 학술서를 쉬운 우리말로 옮긴다는 것, 그리고 번역투의 문장을 가능한 한 줄이는 것은 정말 쉽지 않다. 고치기로 말하면 끝이 없기 때문에 정확히 아침 7시 50분 푸른역사 출판사 웹하드에 번역 원고를 올렸다. 약속

날짜보다 하루 늦은 셈이다. 그래도 출판사에서는 내일부터 작업에 들어간다고 하니 부담은 덜은 셈이다. 지금 생각해도 아득하다. 두 달 반 이상을 어떻게 버텨왔는지 알 수가 없다. 눈이 더 침침해지고 체력이 약해졌다.

통독하면서 여러 생각거리가 많아졌다. 19세기 후반 중국 발 대유행병이 잦았던 것도, 영국이 아니라 프랑스 주도로 국제공중보건기구가 출범하고 이 기구가 후일 WHO로 발전했던 것도, 지금 당면한 인수공통감염병도 그 하나하나가 새로운 고민거리를 안겨준다. 19세기 말 중국 발 페스트와 국제위생회의 문제에 관해서는 《역사비평》에 이 책을 간략하게 정리한 소개 글을 쓰려고 한다.

탈고하고보니 저자의 한국어판 서문, 역자 후기를 제외하고도 200자 원고 2,400매 분량이다. 원본에는 사진 자료가 있는데 만일 이들 도상자료까지 포함한다면 책이 상당히 두꺼워질 것 같다. 요즘같이 책이 팔리지 않는 시기에 과연 누가 읽을지 걱정스러울 정도다. 그나저나 내 나이에 집중적으로 번역을 한다는 것은 아무리 생각해도 지나친 일이고 무리한 일이다. 이번 것이 내 마지막 번역일 가능성이 크다.

번역 뒷이야기
-지적 탐색의 계보학

번역의 부담에서 일단 벗어난 후에 휴식을 취하면서 이번 겨울을 되돌아본다. 겉으로 보면, 이 책의 번역에 수십 일 침식을 잊을 정도로 몰입한 것은 책 내용과 근래 코로나 바이러스 창궐이라는 상황이 겹쳐졌기 때문이다. 그러나 달리 생각하면 20여 년 전부터 이어진 내 개인 탐구의 맥락과 연결되는 것 같다. 단편적이지만 기록으로 남겨야겠다는 생각이다. 이 번역에 이르기까지 이어져온 지적 탐색의 계보학이다.

이 계보의 연결고리는 영미문학연구회, 로이 포터, 문화사학회, 웰컴의학사연구소, 푸른역사, 그리고 마크 해리슨에게까지 이른다. 1999년 영국 사회사와 경제사 관련 논문들을 모아《다시 돌아본 자본의 시대》를 펴낸 후 나는 한동안 새로운 연구방향을 잡지 못하고 흔들렸다. 그러다 평범한 사람들의 일상사를 통해 특정한 시대, 특정한 사회를 풍경화처럼 되살리는 작업을 시도했다. 후에 이런 시도를 나는 '사회적 풍경'이라 이름 붙였다. 이런 방향을 스스로 잡는 데에는 여러 계기들이 있었다. 여기에서 상세하게 밝히기는 그렇고 그중의 한 계기는 영국 역사가 로이 포터와 관련이 있다.

그때까지 나는 로이 포터의 의학사 연구를 읽은 적이 없었다. 그런 내가 처음 접한 포터의 책은 《런던의 사회사*London: A Social History*》(1994)다. 2000년 영미문학연구회의 《안과 밖》으로부터 특집 원고 청탁을 받았다. 주제가 '영문학과 도시'인데 19세기 런던에 관해 글을 써달라는 것이었다. 이 글을 준비하면서 자연스럽게 포터의 《런던》을 많이 참조했다. 지금 생각하면 조잡하기 짝이 없지만, 어쨌든 그 잡지 8호(2000)에 〈19세기 런던: 사회사적 풍경들〉이라는 글을 발표했다. 지금 보니 이때 '사회사적 풍경'이라는 말을 처음 사용했다. 그 후에 '사'를 빼고 '사회적 풍경'이라는 말을 썼나? 이 표현이 처음 내 글에 등장한 것은 《역사가가 그린 근대의 풍경》(2003) 서문이 아닐까 싶다.

런던에 관한 글을 쓴 후에 나는 포터의 《런던의 사회사》를 정독했다. 내친 김에 그의 의학사 관련 서적도 읽을까 했지만, 더이상 그 분야에 빠져들기 싫어서 포기했다. 그러다가 2003년 케임브리지 클레어홀에 1년간 머물게 되었다. 영국에 체류할 때 포터와 관련된 두 가지 청탁을 받았다. 하나는 문화사학회에서 발행하는 《역사와 문화》에 로이 포터를 소개하는 글을 쓰는 것, 다른 하나는 절친한 김덕호 선생에게서 웰컴의학사연구소 도서관 소장 문헌 일부를 복사해달라는 부탁을 받은 것이다.

포터는 2002년 3월 초에 세상을 떠났기 때문에 그에 대한 추모의 열기가 아직 남아 있을 때였다. 포터의 체취가 남아 있을까 해서 런던의 웰컴의학사연구소를 방문했다. 아쉽게도 그의 흔적은 남아 있지 않았고 그가 사용했다는 연구실만 찾을 수 있었다. 포터 밑에서 연구원으로 일했다는 샤론 메신저 박사를 만나 잠깐 이야기를 나눌 수 있었다. 그녀는 특히 포터 추모기사, 추도식 때 몇몇 지인들이 읽은 추도사 등을 복사해 주었다. 이들 자료를 덧붙여 나는 〈로이 포터, 다산성의 미학〉이라는 글을 썼다. 그 글은 《역사와 문화》 8호(2004)에 실렸다.

그 후에 2010년경 포터의 《계몽운동: 근대세계의 창조*Enlightenment: The Creation of the Modern World*》(2000)를 정독했고 후에 그 독서기록을 이전 글에 덧붙여 《역사가를 사로잡은 역사가들》(2015)에 재수록했다. 그 책에 실려 있는 글 가운데 가장 내 마음에 드는 글이다. 아마 내 자신의 삶을 그의 지적 편력에 투영한 것이 아닐까 싶다.

웰컴의학사연구소는 그 자체가 의학사 분야의 개척자적인 연구 및 교육기관이었지만, 포터 사후 연구소 운영에 굴곡이 있었던 것 같다. 처음에는 UCL과 협력관계였다. 그 후 흡수되면서 편제 개편을 겪고 연구 기능은 이제 옥스퍼드대학으로 옮겨진 모양이다. 옥스퍼드의 웰컴의학사연구단을 이끌고 있는 학자가 마크 해리슨이다. 나는 더이상 이 변천 과정을 자세하게 알지 못한다.

갑자기 로이 포터를 떠올리다

주로 경제사, 사회사, 노동사, 생활사 분야의 연구를 해왔지만, 틈틈이 역사가나 역사 서술을 다룬 글들도 썼다. 그 결실이 《역사가를 사로잡은 역사가들》(푸른역사, 2015)이다. 푸른역사에서 낸 책이 얼추 일곱 권이다. 박혜숙 대표는 그중에서도 가장 마음에 드는 것으로 이 책을 꼽는다. 언젠가 그 책에서 로이 포터를 다룬 글을 언급하면서 참으로 인상 깊었다고 말한 적이 있다.

박 대표는 그 글을 읽으면서 내가 로이 포터의 삶과 학문에 내 자신을 투영한 듯한 느낌을 받았다고 했다. 그 글을 개고하면서 무의식적으로 그렇게 했을지도 모른다. 그가 영국 학계의 비주류였다는 점이 그렇고 또 지나치다 싶을 정도의 다산성도 그랬다. 그 글 말미에는 거의 그를 추도하는 조금 감상적인 문단을 집어넣기도 했다. 그 문단은 이렇다.

> 나는 로이 포터의 다산성多産性에는 다분히 심리적인 요인이 작용했다고 생각한다. 하지만 그 요인이 구체적으로 무엇인

지 알기 어렵다. 그는 18세기 비평가 새뮤얼 존슨Samuel Johnson을 높이 평가했는데, 존슨 또한 다산성으로 널리 알려진 문필가였다. 로이 포터는 끊임없이 텍스트를 생산함으로써 텍스트에 대한 불신을 지우려고 했던 것 같다. 그는 '고전'이라는 텍스트를 불신했다고 한다. 어떤 역사 서술이든지 후대에 나온 것보다 더 나을 수 없다. 그는 자신의 텍스트에 대한 불신을 넘어서기 위해 누에가 실을 토하듯이 또 다른 텍스트들을 내놓은 것처럼 보인다. 텍스트의 불완전성, 그가 유난히 공저와 편저에 집착한 것도 이와 관련될지도 모른다. 로이 포터의 다산성은 역사가의 광기이다. 이런 점에서 우리 모두가 광기를 가질 수 있다는 그의 메시지는 매우 시사적이다. 그가 오십대 중반의 나이에 갑자기 은퇴하기로 한 것은 바로 텍스트에 대한 강박관념에서 비로소 벗어날 수 있었기 때문이다. 그것은 아마도 오랜 구도의 길을 걷던 사람이 어느 날 갑자기 얻어낸 깨달음 같은 것이 아니었을까. 우리는 알 수가 없다. 그 요체要諦는 오직 그 자신만이 들려줄 수 있었을 것이다. 언젠가 한 동료가 왜 일찍 은퇴하느냐고 질문했을 때, 그는 트럼펫을 비롯한 몇몇 악기를 연주하고 정원을 가꾸며 자전거를 타기 위해서라고 말했다고 한다. 이 대답은 농담이 아니라 진실로 들린다. 일종의 선문답禪問答처럼.

기계적이고 반복적인 각주 입력을 계속하다보면 이렇게 엉뚱한 잡념이 찾아온다. 갑자기 로이 포터를 떠올린 것은, 각주 작업을 중단하고 인터넷을 뒤지다가 《제국의 기억, 제국의 유산》(아카넷, 2019)을 다룬 한 독후감을 발견했기 때문이다. 포터는 출간한 책을 다시 읽지 않았다고 한다. 번역 때문에 경황이 없기도 했지만 나도 작년 4월에 펴낸 이 책을 한동안 잊고 지냈다.

간간히 이 책을 다룬 학술지 서평[《역사비평》, 《영국연구》]을 읽고 제목과 내용에 약간의 괴리가 있다는 것을 새삼 느꼈다. 원래의 계획에는 제국 경영이 영국인의 일상과 문화에 끼친 영향도 다루려고 했는데, 다루지 못했다. 또 귀환자들의 삶도 그렇다. 이런 것까지 고려해 원래 연구 과제를 《제국의 기억, 제국의 유산》이라 잡았는데, 사실 출간할 때 제목을 바꿀 생각을 했어야 했다. 고지식해서 그런 생각을 하지 못했다. 이를 해소하기 위해서는 《제국의 문화》라는 타이틀로 별도의 작은 책자를 준비해야 할 것 같다. .

어느 날 저녁 대충 구상을 했다. 목차로 쓸 표제어들만 추렸는데 이런 내용들이다. 상상 속의 제국, 이주, 제국과 환경, '영국성'이란 무엇인가, 귀환자들의 세계, 제국과 교육, 물질문화와 일상, 브렉시트의 사회심리학. 실증적인 차원보다는 그저 에세이 식으로 편한 시간에 그리고 틈틈이 쓰면 되지 않을까? 《삶으로서의 역사》에서 그러했듯이, 생각나는 것들을 이 페이스북에 올리고 또 고쳐서 원고를 만들까 싶다.

04 나쁘기만 한 일은 없다

코로나가 준 기대 밖의 '선물'

수십 년간 줄기차게 학술적 글쓰기에만 매진해왔던 터라, 그냥 가벼운 마음으로 생각 닿는 대로 글을 쓰지 못한다. 컴퓨터 앞에 앉아 글을 쓸 때는 이미 분류된 자료카드가 있고 그 카드 내용들의 지배에서 벗어나지 못한다. 그러니까, 글쓰기는 유희라기보다는 의무이고, 글을 쓸 때는 항상 엄숙하며 마음도 무겁다. 그 오랜 세월 어떻게 이런 태도를 지니며 살아왔는지 내가 생각해도 아찔하다. 아마 그 태도를 견지할 수 있었던 동력은 스스로를 연구노동자로 자처하고 비록 힘든 육체노동을 하지는 않지만 좁게는 그들처럼 항상 근면해야 한다는 의무감과, 그리고 넓게는 이 보잘것없는 연구노동의 결과가 그래도 이 사회의 인문 진화에 조금쯤 기여할 수 있지 않을까 하는 기대감에서 나왔을 것이다.

그나마 가벼운 마음으로 가끔 글을 쓸 수 있었던 것은 오로지 페이스북 덕분이다. 3년 전에 입문한 페이스북이야말로 내가 꽉 짜인 스케줄에서 일탈할 수 있는 유일한 수단이었다. 이제 석 달 '자의반 타의반'의 자가 격리에 방점을 찍는다. 《전염》 번역을 탈고했고 이전 번역 원고 《잉글랜드의 확장》 최종 편집본 교정을 마친 데다가 앞 책의 역자 후기와 뒷 책의 역자 서문을 작성해 각기 출판사로 보냈으니 이런 작업에서 해방된 셈이다.

작년 봄에 마련한 이 서재가 없었다면, 이런 작업은 어려웠을 것이다. 새삼스럽게 나만의 이 서재가 과분하다는 느낌이 든다. 노년에 들어선 나이에 다시 찾아온 이 작은 행복을 혼자서만 누리는 것 같아서다. 지난 3개월 주야장천 나의 고독한 작업을 지켜보며 친구로서 마음을 달래주었던 문명의 이기가 있다. 작은 라디오.

광주에 있을 때는 내 연구실 자체가 쓰레기장이었다. 연구실을 정갈하게 가꾸는 것을 싫어했다. 연구노동자의 정체성을 유지하기 위해서? 음악 듣는 것도 멀리했다. 공연한 사치이자, 부르주아 흉내를 내는 것 같다고 생각해서? 그러나 레닌도 망명시절에 말하지 않았는가. 어느 음악회에 들렀다가 자조적으로 '모차르트의 음악이 좋기는 하단 말이야' 이렇게 독백했다고 하지 않았던가. 이번 석 달여에 이른 번역 작업에 내가 늘 가까이 한 것은 FM 라디오의 음악이다. 참으로 평화롭고 좋은 음악을 방송한다.

또 하나, 새로운 세계를 탐사한 즐거움을 소개한다. 모 대학 학부 '강독' 강의. 온라인 수업으로 대체한다는 소식에 처음에는 과

제물 내주고 테스트하는 식으로 메우고 대면 수업을 할 때 모자란 부분을 보충하려니 생각했다. 그러다 비대면 수업이 연장되면서 고민에 빠졌다. 은퇴한 사람이 악착같이 동영상 자료를 찍는 것도 부끄럽고 또 장비나 기술이 없어서 엄두도 나지 않았다. 그러다 줌 Zoom 화상회의를 우연히 알게 된 것이다. 지난 주에 처음으로 학생들과 자리를 함께했는데, 오히려 충실하게 수업을 할 수 있었다. 내가 설명하기도 하고, 학생들이 발표하기도 하고. 한 가지 아쉬웠던 것은 내가 학생들에게 보내준 강의자료를 모니터에 띄우며 설명하지 못한다는 점.

새로운 세계를 발견한 것은 밴쿠버의 최종원 교수가 주도한 코로나 자가 격리 시기의 대화의 장 '신데카메론' 첫 토론회에 참가한 덕택이다. UCLA의 옥성득 교수가 한국 개신교의 역사적 변화와 코로나 이후의 변화를 주제로 발제를 맡았다. 그런데, PPT파일을 이용해 화면에서 발제 내용을 설명하는 것이 아닌가. 모니터에 텍스트나 도상자료도 나오고 한편에 발제자의 동영상도 동시에 나온다. 발제 후에는 참가자 모두가 모니터에 나와 서로 토론할 수 있다. 다음 주 발표를 내가 맡았는데, 당장 학부생 화상수업에 도입할 수 있겠다 싶어 기꺼웠다. 어제 밤늦게 다음 월요일 화상 수업자료를 PPT로 만들었다. 새로운 세계를 발견한다는 것은 기쁨이다.

어디 이것만 기쁨으로 다가오겠는가. 코로나 위기를 겪으면서 우리는 더 건실해지고 더 스스로를 성찰하고 있다. 사람들이 더욱더 진지해지고 있다. 비록 고통스럽더라도 그것을 이겨내고 있다. 총선도 얼마 남지 않았지만 희망 섞인 예견을 한다. 아마 우리 스스로 자신감을 갖고 주위에서 우리를 바라보는 시선도 더욱더 달라지리라는, 그러니까 한마디로 국격國格도 한층 더 높아지리라는 그런 예견을.

봄날은 온다

화창한 날씨다. 푸른역사에서 보내온 《전염》 교정 원고를 훑어보다가 아내 말을 따라 평소보다 좀 더 일찍 4·19탑 뒤쪽 산책로를 걸었다. 내려오는 길에 마침 점심때여서, 골목 국밥집에 들러 식사를 했다. 우리가 앉은 자리 뒤편에 나보다 나이 들었음직한 노인 몇 분이 한담을 나누는데, 누군가 지역구도 2번, 비례도 2번[4번?] 강조하면서 일행의 동의를 구한다. 별다른 이견이 없는 것을 보면 한나라당–새누리당–새한국당–미래통합당–? 지지자다. 아내가 눈짓하며 빨리 나가자고 한다. 아마 내가 갑자기 끼어들까 염려해서였겠지. 그러나 끼어들 생각이 없고, 또 그들에 대해 별다른 역정을 내지도 않는다. 그들의 의견도 존중해주어야지. 그러면서도 연민의 감정은 억누를 수 없다. 어찌 그들을 탓하랴. 그들의 지난한 삶에서 자연스럽게 형성된 그 정서, 그 편견을 인정할 수밖에 없지 않은가. 이게 다원주의 한국이다.

집에 돌아와 이번 봄에 처음으로 1층 서재 앞 창문을 활짝 열었다. 눈앞에 다가온 라일락 꽃, 두 세평 남짓한 집 앞 화단에 심은 라일락나무에 꽃이 만발했다. 아, 저 꽃은 존재의 의의가 있구나. 내가 시력 떨어진 눈 비비며 작업하는 것도 평생 배운 일이 이것이기도 하고 그나마 잉여인생 산다는 말 듣고 싶지 않아서다. 기력이 감당할 때까지 책 읽고 글 쓰는 게 그래도 조금은 이 사회에 기여하리라는 생각이 들어서다. 코로나 바이러스가 창궐해도 역시 화창한 봄날은 오고 있다.

《전염》 교정 원고를 다시 훑어보면서 최종적으로 정한 타이틀을 본다. 《전염병, 역사를 흔들다》. 어제 박혜숙 사장이 전해준 제목인데 나도 마음에 들었다. 밤늦게 친구인 방송작가 박구홍 군에게 카톡으로 알려줬다. "어떠냐?" 즉석 대답이 이렇다. "안 팔려. '전염병, 나는 이렇게 살았다'가 낫다." 그러다 오늘 아침 다시 메시지를 보내왔다. "자고 나서 보니까 아주 마음에 드는데." 같은 세대라서 감수성이 같은가? 나도 메시지를 보낸다. "야, 네 말 듣고 확정한다, 《전염병, 역사를 흔들다》".

옮기고보니 왜 그렇게 힘들었는가를 알겠다. 해리슨의 책은 한마디로 대작이다. 그는 실증적 역사가다. 자신이 탐사할 수 있는 지역과 주제에 관해서는 일단 원사료에 접근하고, 그럴 수 없는 부분은 2차 문헌에 의존하지만, 그의 집념에 일단 두 손을 들 수밖에 없다. 이 책에서 주로 언급한 전염병들은 18세기 이후 서구에서 자주 창궐한 황열병, 콜레라, 페스트, 그리고 가축 질병인 우역 등이다. 여기에서 더 나아가 20세기의 새로운 전염병인 인플루엔자, 인수공통감염병, 광우병 소동까지 다룬다. 특히 광우병에 관한 서술에서 2008년 한국에서 미국산 소고기 수입을 둘러싸고 빚어진 대규모 시민 항의를 상세하게 소개하고 있는 것 또한 흥미롭다.

전염병의 창궐과 관련해 이 책을 관통하는 주제는 '격리'다. 이것은 지중해 무역과 더불어 무역도시로 성장한 이탈리아 도시들에서 처음 나타났다. 사람들은 전염의 구체적인 과정을 알지는 못했지만 경험적으로 선박과 승객과 화물을 통해 먼 지역의 질병이 전염된다는 것을 깨닫고 있었다. 근대 유럽 국가들은 동방 항로를 통해 전염병이 내습하는 순간 서로 경쟁적으로 자국 항구로 입항하는 선박에 대해 격리조치를 취했다.

19세기 중엽 콜레라는 유럽인들에게 새로운 공포를 안겨주었다. 유럽 전체로 보면 콜레라에 대한 공포가 절정에 이른 것은 1860년대다. 1865년 유럽인들은 메카에 모인 순례자들 사이에 콜레라가 발생하는 것을 두려움으로 지켜보았다. 이 전염병으로 순례자 가운데 약 3만 명이 죽었으며, 곧 이어 이 전염병이 유럽을 휩쓸었다. 콜레라에 대한 공포감은 사망자가 겪는 끔찍하면서도 수치스러운 죽음 때문에 더 증폭되었다. 마치 중세 말의 흑사병에 대한 기억과 비슷하다. 콜레라는 이 불행한 사람들을 어떤 사전 경고도 없이 '엄습'했으며, 그리고 감염자는 전신에 나타나는 첫 번째 증상 후에 곧바로 복부 경련을 일으키고 계속되는 설사로 뱃속의 모든 것을 배출했다. 죽음이 그 뒤를 따랐다.

콜레라 창궐은 19세기 교통혁명과 밀접하게 관련된다. 1830~1870년 사이에 많은 해운노선의 여행 기간이 사실상 반으로 줄었다. 철제증기선은 더 많은 승객을 운송했으며 그에 따라 더 많은 세균을 퍼뜨릴 수 있었다. 철도 역시 감염의 새로운 경로를 만들어 주었다. 역학적인 관점에서 가장 중요한 것은 지중해 항구와 홍해 항구를 잇는 수에즈운하뿐 아니라 그 운하와 콘스탄티노플, 알렉산드리아, 카이로를 연결하는 철도였다. 인도에서 온 순례자들이 1865년 메카에 콜레라를 퍼뜨렸다고 전해지는데, 그 당시 이들은 사막을 가로지르는 전통적인 대상 행렬보다 철도편을 더 선호했다. 어쩌면 콜레라를 둘러싼 갖가지 담론은 오리엔탈리즘의 총체를 보여준다고도 할 수 있다.

1910~11년 만주 전역을 휩쓴 페스트도 눈에 띈다. 당시 페스트의 엄습으로 사망자만 6만 명에 이르렀다. 1890년대 중국 광둥성에서 창궐한 페스트와 달리 1910년 만주를 엄습한 이 전염병은 강

이나 해안보다는 주로 철도노선을 타고 퍼져 나갔다. 19세기 말 20세기 초 전염병학자들은 철도가 전염병을 확산시킬 위험을 경고하곤 했다. 1910년 10월 페스트 발병에 관한 최초의 보도가 있었다. 페스트는 내몽고의 한 작은 철도읍에서 처음 발병했는데, 한 달 후 이 질병은 하얼빈에서도 나타났다. 철도 중심지 하얼빈은 이제 페스트 확산의 거점이 되었다. 새해를 맞아 귀성하는 노동자들을 뒤따라 곳곳에서 창궐했다.

이 책에서 흥미로운 주제는 전염병의 확산을 막기 위한 국제공조와 협조의 관행에 관한 서술이다. 1865년 메카의 콜레라 발병은 아라비아에서 서쪽으로 더 멀리까지 소리 없이 급속하게 확산될 가능성 때문에 더 큰 우려를 낳았다. 프랑스의 나폴레옹 3세가 1850년대 초 이래 열리지 않던 '국제위생회의' 소집을 주도한 것은 바로 이 두려움 때문이었다. 이후 주기적으로 국제위생회의가 열려 국제 간 협력을 논의하기 시작했다. 주요 항구의 전염병 발병을 각국에 전신으로 통보하고, 이에 따라 동서를 연결하는 항로의 주요 항구에 적절한 격리조치를 취하기 위한 국제협정이 맺어졌다. 콜레라와 페스트는 19세기 후반 새로운 국제주의 물결을 낳는 중요한 계기였다. 비슷한 시기에 국제협력의 여러 결실이 나타나고 있다. 국제전신연합(1865), 만국우편연합(1874), 국제도량형연합(1875)이 결성되었다. 이 새로운 국제주의는 영국보다는 오히려 프랑스가 주도했다. 영국이 수에즈 운하와 인도의 경제적 이해관계 때문에 위생 문제에 관한 국제공조에서 수동적인 입장을 취한 것이 흥미롭다.

재난과 관련된 글쓰기

근래 페이스북에 간간이 전염병에 관한 단상을 올린 것과 관련되는지 모르겠다. 《역사비평》에서 여름호 특집 원고 청탁을 받았다. 아마 코로나 바이러스 창궐을 염두에 두고 정한 것이겠지만, 주제를 '재난'으로 잡았다고 한다. 시일이 촉박해 실증적인 글은 쓸 수 없고, 마크 해리슨의 책을 번역하면서 느낀 인상들을 중심으로 비평적인 글을 써 보내겠다고 했다. 19세기 후반 콜레라, 페스트 창궐과 이를 막기 위한 국제위생기구 창설 등을 관련지어 살펴보는 것은 어떨까 생각한다. 당시에도 이 대유행병에 따른 각국의 공포와 차단방역은 급속하게 이뤄지던 '국제화' 추세와 충돌했다. 지금의 세계화와 대유행병을 둘러싼 각국의 대응 사이의 모순과 비슷하다.

전염병과 관련해 페이스북에 올린 글을 뒤져보니, 여러 편이다.

〈중국 신종 폐렴의 확산을 보면서〉, 〈신종 바이러스 폐렴의 정치학〉, 〈19세기 콜레라와 새로운 국제주의〉, 〈방역과 국가 시스템〉, 〈세균학자 기타사토 시바사부로〉, 〈역사의 반복〉, 〈세계화와 중국〉, 〈코로나 바이러스와 일본〉, 〈근대 무역과 우역〉, 〈SARS의 경험〉, 〈인수공통감염병〉 등이 눈에 띈다. 〈19세기 콜레라와 새로운 국제주의〉에서 언급한 시각을 확대해 글을 쓰면 되지 않을까 싶다. 다른 글들도 훑어보니 참고할 내용들이 더러 눈에 띈다.

《역사비평》은 주로 한국사 연구자들이 주도해왔기 때문에 잘 알지 못한다. 다만 과거에 서평으로 내 책들을 다룬 바 있고, 작년에도 《제국의 기억, 제국의 유산》 서평이 실린 것을 나중에 알았다. 기고는 아마 1994년인가 그다음 해인가 〈자본주의의 재검토〉라는 제목으로 쓴 글이 마지막이었으니 아주 오래전의 일이다.

기억을 더듬어보니, 한국서양사학회에서도 메르스 사태 이후인가 '서양 역사 속의 재난'을 주제로 전국학술대회를 개최한 적이 있다. 그때 청탁받아 발표한 것이 〈1666년 런던 대화재〉다. 영국사에서 사회적 대재난을 꼽으라면 무엇이 있을까. 근대 영국은 상당히 안정된 나라였기에 국가적 재난은 드문 편이다. 아마 대大라는 수식어가 붙는 사건이 이에 해당할 텐데, 그때 언뜻 떠오른 것이 1665년 대역병, 그다음 해의 런던 대화재, 그리고 제2차 세계대전기의 대공습이었다. 처음에는 대공습을 다룰까 하다가 시일이 촉박해 포기했고, 가장 만만하게 보인 대화재를 다뤘다. 이 글은 상당히 공을 들여 작성했다. 다행히 편집된 1차 자료 일부와 2차 문헌을 미국 체류 중에 수집할 수 있어서 짧은 기간에 5일간의 대화재와 그 이후 당국의 재건 노력을 재구성하는 글을 썼다. 이 글은 《역사학보》 230집(2016. 6)에 실렸고, 그해 출간한 《영국사 깊이 읽기》(푸른역사, 2016)에 재수록했다.

2016년 당시 원래 생각했던 주제는 대공습이었는데, 자료가 없어서 시도할 수 없었다. 공교롭게도 작년 한국서양사학회가 전국연합학술대회 주제를 '전쟁과 전후의 일상'이라 정하고서 내게 주제 발표를 요청했다. 작년 여름 영국에 체류할 때 3주 이상 이 주제 관련 문헌을 모으고 정독했다. 귀국한 후 몇 달 작업 끝에 작년 12월 초에 〈공습과 피난의 사회사–2차 대전기 영국인의 경험〉이라는 제목으로 발표했다. 곧바로 《서양사론》 143호(2019. 12)에 실렸는데, 지금 읽어봐도 대공습기 영국 사회의 상황을 상당히 그럴듯하게 재현한 것 같다. 자, '대'자 시리즈를 완성하려면 1665년 대역병을 다뤄야 하는데, 이 시점에서는 불가능하다.

서양과 문명에 관한 단상 05

근대 개념어 서양

한국연구재단 학문분류표에 따르면, 나의 전공학문 계통도는 인문학–역사학–서양사–영국사(또는 서양 근대사)다. 흔히 서양사학자로 알려져 있다. 내가 속한 학회는 한국서양사학회고, 그 정기간행물도 《서양사론》이다. 이러한 학문 분류는 일본의 영향을 받은 것이니까, 당연히 일본도 비슷하다. 나는 최근에 일본 서양사학회 기관지에 1970~80년대 일본 서양사학이 한국의 진보적 독서운동에 미친 영향에 관한 글을 실었는데, 그 학술지 이름도 《서양사학西洋史學》이다.

한국이나 일본에서 서양사는 웨스턴 히스토리Western history로 번역된다. 한국 서양사학회의 공식 영어명칭도 'The Korean Society for Western History'다. 요즘은 동서양 학자들의 교류가 활발해져 미국이나 유럽 학자들도 '웨스턴 히스토리'의 뜻을 이해하겠지만, 사실 그들의 학문용어에 이런 표현은 없다. 미국 사람이 듣는다면 무슨 서부 개척사인가 하고 생각할 것이고, 영국 역사가들은 아예 이해하지 못할 것이다. 영국사English history, 미국사American history, 유럽사European history 또는 지구사global history라는 표현은 쉽게 이해할 수 있지만, 유감스럽게도 동아시아에서 사용되는 서양사라는 말의 번역어는 쉽게 납득되지 않는 것이다.

물론 서양 문명은 'Western civilization'으로 표현되고 이 말은 거리낌 없이 통용된다. 동양the East과 서양the West이라는 이항대립적인 개념에 익숙한 탓이다. 문제는 동아시아에서 사용되는 '서양'이라는 말의 모호성에서 비롯된다. 유럽인이 사용하는 용어 가운데 이같이 애매한 것으로는 '오리엔트Orient'라는 말을 지적할 수 있다. 이 말은 유럽인 위주의 세계관에서 파생된 것이고 따라서 유럽인의 시각과 유럽중심주의를 반영한다. 우리는 '오리엔트'가 동아시아와 남아시아를 포함한다고 생각한다. 그러나 유럽인의 사고방식에서 그 말은 아마도 서아시아(중근동)만을 가리킨다고 보는 게 정확하다.

2000년 초만 하더라도 케임브리지대학 학과 가운데 동양학부Faculty of Oriental Studies가 있었다. 10여 년 후에 그 정식 명칭은 아시아 및 중동학부Faculty of Asian and Middle Eastern Studies로 바뀌었다. 몇 년 전 그 대학에 체류할 때, 동아시아 세미나에 참석한 후에 발표자 및 일본학 전공교수들과 함께 식사를 한 적이 있다.

발표자는 스웨덴에서 한류 문화현상에 관한 글을 발표했다. 웁살라대학 박사후 연구원인 그 젊은이는 실제로 한국인 입양아 출신이었다. 식사하던 도중에 몇 마디 영어로 대화를 나누다가 내가 광주대 선생이라는 것을 알고 난 후에 갑자기 한국말로 이야기를 했기 때문에 그의 슬픈 과거를 알게 되었다. 신기하게도 그는 자신이 전라남도 영광 출신이라는 것을 잊지 않고 있었다. 생모를 찾기 위해 광주를 세 번 찾았다고 한다. 물론 생모를 찾지는 못했다. 그는 밝은 모습으로 중산층 양부모의 후견으로 좋은 교육을 받고, 한국학을 전공하게 되었다고 했지만, 그의 이야기를 들으며 절로 비감한 마음이 들었다. 그러면서도 그가 대견스러웠다. 외국에서 자연스레 민족주의 감정이 치밀었던 듯하다.

이야기가 옆길로 샌 것 같다. 좌우간 식사 중 일본학 교수들이 옥스퍼드대학의 보수적인 분위기를 조롱하면서 그들이 아직도 오리엔트학Oriental Studies이라는 명칭을 바꾸지 않았다고 말했다. 그렇다면, 아시아 및 중동학부는 개명된 표현인가? 나는 그들의 말에 동의하지 않았다. 새로운 명칭 또한 유럽 중심적인 표현이 아닐까? 그들은 처음에는 내 질문을 이해하지 못했다. 내 설명은 이러했다. '아시아'는 객관적·지리적 명칭이다. 그렇지만, 당신들은 그 명칭 속에 오직 동아시아와 남아시아만을 넣고 있다. 중동Middle East은 객관적 지리적 명칭이 아니다. 바로 영국 중심적인Anglo-centric 표현 아닌가. 내 설명을 듣고 나서 그들은 내가 말하려는 의미를 이해했다. 아마도 조금 기분이 나빴을 것이다.

다시 돌아가서, 오리엔트라는 말은 원래 르네상스기 이래 유럽 지식인들이 라틴-알파벳문자 문화권 외부 지역을 가리키는 말로 사용했다. 그 당시 그들의 지리적 인식 수준에서는 당연히 서아시아, 무슬림 세계를 뜻했을 것이다. 그 후 지리적 인식 지평의 확대와 더불어 동아시아까지 넓혀졌겠지만, 역시 그 핵심은 서아시아였던 것이다. 학문 연구에서도 오리엔트학의 탄생지는 영-독-불 서유럽 국가다.

한자문화권에서 '서양'이라는 말은 어떠했을까? 이 말은 유럽의 오리엔트와 비슷한 출발점을 갖고 있다. 원래 중국에서 '서양'은 사해四海 가운데 한 해양을 가리키는 말이었다. 이 표현의 기원을 찾아 올라가면 왕대연汪大淵의 《도이지략島夷誌略》(1349)에까지 이른다. 이 책에서 '동양'과 '서양'이라는 표현이 등장하는 것이다. 그 후 마테오 리치의 《곤여만국전도坤輿萬國全圖》(1602)에서도 비슷하게 쓰인다. 그러나 아직 '서양' 또는 '동양'이라는 말은 전통시대 동아시아에서 지역 명칭으로 사용되지 않았다. 적어도 18세기까지만 하더라도 서양/동양은 지식인 사회에서 지리적 명칭의 시민권을 얻지 못했다.

그러나 예외도 눈에 띈다. 18세기 초에 아라이 하쿠세키新井白石의 《서양기문西洋紀聞》(1715)에서는 '서양'을 해양이 아닌 문화 개념으로 처음 사용하고 있다. 그 이후 일본에서는 지역 또는 문화권 개념으로 서양이라는 말이 간혹 사용되었다. 18세기 이래 메이지유신 이전까지 출간된 서적 이름에 서양이라는 표현이 들어간 경우가 230권에 달한다. 본격적인 유럽 소개서로는, 야마무라 사이스케山村才助의 《서양잡기기西洋雜記紀》(1801)를 꼽는다. 이 전통의 결정판이 후쿠자와 유키치福澤諭吉의 《서양사정西洋事情》(1866~70)인 것이다.

그럼에도 서양이라는 말이 언제부터 정확하게 지리적 또는 문화권적 명칭을 나타냈는가는 정확하지 않다. 19세기 후반에 영어 '히스토리'의 번역어로 역사라는 말과 함께 서양사西洋史라는 표현도 등장하지만 확실한 헤게모니를 쥐었다고 말할 수 없다. 이외에도 대서사大西史, 태서사泰西史, 만국사萬國史, 구라파사歐羅巴史, 구주사歐洲史 등이 사용되었다. 아마도 1870년대 무렵에 동양과 서양은 영어 이스트the East와 웨스트the West의 번역어로 자리 잡은 것 같다.

'오리엔트'나 '서양' 모두 타자를 가리킨다. 여기에서 이 두 용어를 대비하면 어떨까? 앞에서 언급했듯이, '오리엔트'는 기본적으로 라틴-알파벳문자 문화권 이외 지역을 상징하는 표현이다. 오리엔트라는 '타자'는 근대 유럽인들이 스스로를 비교해 자신을 규정할 수 있는 수단으로 작용했다. 사이드에 따르면, 근대 유럽 지식인은 "정치적·사회적·군사적·이념적·과학적으로, 또 상상력으로 오리엔트를 관리하거나 심지어 생산해왔다." 그들은 오리엔트를 지식의 대상으로 삼아 이 지역 연구를 기반으로 그 타자에 관한 담론을 꾸준하게 만들었다. 이 담론은 유럽인들이 그 후에 이 지역에 관해 기술하고 생각할 때 그들의 사고와 태도에 영향을 미쳤고, 이를 통해 그들 자신의 정체성을 구성하는 데에도 도움을 받았다. 한마디로 오리엔트라는 열등한 타자와 대비함으로써 스스로 우월성을 재확인한 것이다.

그렇다면 '서양'은 어떤가. 19세기 중엽 일본을 비롯해 동아시아 지식인들이 '서양'을 상상했을 때 그것은 오리엔트와 정반대의 작용을 했던 것처럼 보인다. 그들에게 상상된 서양은 배워야 할 대상이거나 극복해야 할 대상이었던 것이다. 그렇기 때문에 상상된 서양에 대한 동아시아 지식인들의 태도는 수동적이고 순응적일 수밖에 없다. 일본 메이지 초기의 지식인들의 태도가 이에 가까웠을 것이고, 이런 태도는 동아시아 다른 나라 지식인들이 공유했을 것이다. 그 태도가 구조화되어 1세기 이상 지속되었다. 지금은 물론 먼 나라 이야기 같지만 말이다.

문명civilization과 문화

문명으로 번역되는 영어(및 불어) 'civilisation'은 1757년 프랑스의 미라보 후작[Victor Riqueti]이 처음 썼다고 알려져 있지만, 나는 그 전거를 확인하지 못했다. 영어 문헌으로는, 애덤 퍼거슨의 《시민사회의 역사*Essay on the History of Civil Society*》(1767)에서 그 용례를 확인할 수 있다. 퍼거슨은 이렇게 말한다.

> 개인이 유아기에서 성년으로 나아갈 뿐만 아니라, 인류 자체가 야만에서 '문명'으로 나아간다Not only the individual advances from infancy to manhood, but the species itself from rudeness to civilisation.

이 '문명'이라는 추상명사의 형용사 civilisé(civilized)는 라틴어 'civilis'에서 나왔다. 'civilis'는 말 그대로 '시민 생활의' '시민다운'이라는 뜻이다. 그러나 더 들여다보면 'civilis'는 두 단어와 동시에 관련된다. 하나는 시민civis, 다른 하나는 도시civitas다. 앞의 것과 관련해서는 전사공동체의 일원이자 정치 참여와 토론을 포함한 공민적公民的 삶으로서의 시민 생활을 나타낼 것이다. 뒤의 것은 농촌과 다른 삶의 공간으로서의 도시, 도회적 생활과 관련된다. 1601년판《옥스퍼드 영어대사전》은 civilised를 이렇게 설명한다. "문명화란 무례함에서 벗어나는 것, 예절을 갖추도록 교화하는 것이다." 여기서는 분명 도회적 삶을 암시하는 것 같다.

어쨌든, 18세기에 '문명'이라는 말이 처음 나타난 이후, 그 뜻은 뒤처진 '농촌' 또는 그와 같은 '야만'에 대비되는 서유럽 나라들의 수준을 의미하는 용어로 사용된다. 한마디로 유럽은 '문명'이고 다른 세계는 '야만'이라는 자의식이 형성된 것이다.

문명의 타자로서 야만rudeness=barbarism과 비슷한 용례가 '원시적primitive'이라는 형용사다. 이 단어가 영어에서 처음 사용된 것은

1540년경이다. 처음에 그 말은 '우리보다 뒤처진behind us' 사람들을 가리킬 때 사용했다. 공간적으로 뒤처졌다기보다 시간적으로 뒤처진retarded, 그러니까 후진적인 사람들의 형용사로 사용된 것이다. 거의 '문명'의 대립항인 '야만'과 비슷한 의미를 지닌다. 특히 스코틀랜드 지식인들이 이 '원시'라는 말을 즐겨 사용했다. 그들은 '원시'에서 수렵, 목축, 농업, 상업으로 변모하는 역사의 진보나 또는 원시(미개)에서 야만, 문명으로 이어지는 진보를 추론했다. 이 경우 그들 당대의 사회, 18세기 유럽 사회야말로 시간의 역사화에서 종점이라고 할 수 있는 '문명'인 것이다. 그동안 정태적 사회에 지나지 않았던 유럽이 16~18세기에 걸쳐 역동적으로 변모해온 결과가 유럽중심주의 역사상과 연결된 셈이다.

영어의 근대 개념어 번역 과정을 잠깐 살펴보자. 일본에서 영어 'civiisation'은 메이지 즉위 이전만 하더라도 '예의禮儀', '교제交際'로 이해 번역되다가 1860년대 말에 '문명文明'으로 번역된다. 여기에서 '문명'은 서유럽(서양)인들이 성취한 정신적·물질적 성취의 총체로 이해된다. 니시 아마네西周, 후쿠자와 유키치 등이 이런 개념어로 사용하기 시작했다. 후쿠자와 유키치는 《서양사정외편西洋事情外篇》(1868)에서 '만야蠻野'에서 '문명文明'으로 역사의 진보를 언급하고 영국과 같은 유럽 국가를 '문명개화국'이라 불렀다. 1876년에 쓴 〈문명론지개략文明論之槪略〉은 이러한 인식의 결정판이다. 이후 문명개화文明開化라는 말은 당시 일본의 국가적 슬로건으로 자리 잡았다.

19세기 말 이 '문명'이라는 개념어가 동아시아 사회에 전파되어 오늘날과 같이 인류의 지적·물질적 성취의 총체와 그 총체의 역사적 진보를 뜻하는 보편개념으로 자리 잡게 된 것이다.

문명과 한 쌍을 이루는 '문화'라는 말은 또 어떤가. 박찬승 선생이 자신의 페이스북에서 언급한 것을 읽어보면, 일본에서 '문화'라는 말이 번역어로 재탄생하는 과정 자체가 애매했다고 한다. '문화'라는 말이 탄생할 무렵의 혼란을 두고 박 선생은 이렇게 말한다.

> 일본어 사전에서 무단武斷의 반대를 찾으면 문치文治라고 나옵니다. 동양의 유교문화에서는 '문치교화文治敎化'를 매우 중요하게 생각했는데, 일본에서는 이를 줄여서 '문화文化'라고 오랫동안 써왔다고 합니다. 그런데 서양에서 culture라는 말이 들어오자, 이를 또 '문화'라고 번역하여, 문화는 두 가지 의미를 갖게 되었다고 합니다. 3·1운동 이후 일본은 식민지 조선과 대만에서 이른바 '문화정치'라는 것을 표방하게 되는데, 이는 바로 무단통치가 아닌 '문치교화'를 하겠다는 것을 말하는 것이었습니다(이러한 설명은 총독부 간행물들에서 나옵니다).

문화라는 말이 원래 문치교화文治敎化라는 말을 축약해 썼던 관행이 있었으며, 후에 culture의 번역어로 쓰이면서 의미상의 혼란을 가져왔다는 것이다. 전혀 몰랐던 사실이다. 그렇다면 일본에서 근대 번역어 탄생기에 니시 아마네를 비롯한 메이로쿠사明六社 지식인들이 이런 번역을 함으로써 오히려 원래 사용되던 단어의 어의 변화를 초래한 셈이다. 이는 근대 번역어의 형성 과정에서 아주 예외적인 사례로 보인다. 니시 등은 서양 근대 개념어를 한자 2자 성어로 번역하면서 대부분 새로운 조어를 사용했기 때문이다. 그러면서도, 당시의 상황을 이해할 수는 있다. 메이로쿠샤 지식인들은 근대 개념어를 2자 성어로 번역할 때 우선 중국 고전의 4자 성구를 줄여 2자 성어로 차용하는 경우가 많았기 때문이다. 경세제민經世濟民에서 경제經濟를 뽑아낸 것이 그 예다. 어쨌거나, 이를 염두에 두면서 유럽에서 영어 'culture'의 기원을 살펴보려고 한다. 사실, 대부분의 내용은 이리저리 단편적으로 잘 알려져 있다.

문화라는 말은 너무 다의적이며 모호한 개념이다. 문화를 가리키는 영어 'culture'의 라틴어 어원은 '경작하다colere'에서 유래한다. 이 말은 '거주하다', '경작하다', '돌보다', '경배하다' 등 다양한 의미를 지녔다. 레이먼드 윌리엄스Raymond Williams에 따르면, 문화를 뜻하는 라틴어 'cultura'는 같은 라틴어 어군語群에서 '경배cultus'가 되었고 여기에서 경배를 나타내는 영어 단어 'cult'와 바느질을 뜻하는 불어 'coutre'가 파생되었다. '거주하다'의 의미는 라틴어에서 농민, 즉 colonus를 낳았으며 영어에서 식민지colony라는 말이 나타나기도 했다.

윌리엄스는 영단어 'culture'의 의미 변화를 다음과 같이 정리한다. 15세기에 그 말은 농작물 수확이나 가축 사육을 가리켰다. 16세기에 소수 사람들에 의해 개발된 정신과 이념, 즉 음악, 문학, 회화, 조각 등과 관련되기 시작한다. 세 번째 의미는 계몽운동과 관련된다. 모든 사회는 발전단계를 거치며 이를 주도하고 이끄는 것이 유럽 문화라는 것이다. 마지막 의미는 헤르더Johann Gottfried von Herder가 첨가한다. 그는 유럽중심주의 대신에 문화의 다원성을 제시한다. 인류 사회에는 서로 다른 생활방식과 사회방식, 여러 가치체계가 병존할 수 있다는 주장이다.

이와 같이 문화는 정의하기 어려운 개념이지만, 나는 그저 클리퍼드 기어츠의 언명으로 정의를 대신하려고 한다. "인간은 항상 의미를 만드는 존재다. 그는 죄수처럼 그 의미들의 망network에 걸려 규제받는 존재다." 한마디로 문화는 인간(집단)의 삶에서 형성된, "어떤 의미를 나타내는 모든 것"이다. 그러니까 문화는 상징이다.

오늘날의 탈식민 담론은 이러한 논의에 비판적이다. 문화는 처음부터 타자, 달리 말해 인종과 관련된다고 주장한다. 문화란 닮은 것과 다른 것(차이)에 어떤 의미나 가치를 부여하는 과정이다. "문화는 항상 타자를 낳음으로써 문화적 차이를 표지로 한다. 그것은 항상 비교한다. 인종주의는 문화의 내적 부분을 형성해왔다. 인종이란 항상 문화적으로 구성되었다. 문화는 인종적으로 구성된다." 탈식민 문화 연구는 주로 '차이'의 이론화에 바탕을 두고 이루어졌다. 차이란 본래적인 것이 아니라 권력과 지배의 사회관계 맥락에서 이해되어야 한다. 그것은 인종, 종족, 젠더 등 여러 요인들에 의해 사회적으로 구성된다. 차이는 항상 권력 차원을 갖는다. 백인의 정체성을 알기 때문에 흑인을 식별할 수 있다. 겉으로 객관성을 보여주는 이항대립, 이를테면 남성과 여성, 백인과 흑인 등이 중립적인 표현이 아니라 권력관계를 나타내는 것이다.

사실, 전통 역사가들은 한 사회에서 다른 사회로 문화의 흐름과 확산을 진화론 또는 전파론의 시각에서 바라보는 데 익숙해 있다. 유럽과 다른 지역의 관계에서 힘이 약한 다른 지역이 자신의 문화를 상실하고 서구적 규범으로 변모하는 것을 당연시했다. 프란츠 파농과 같은 초기 탈식민 이론가 또한 식민 지배자와 피식민자, 자아와 타자라는 두 대조군만을 대상으로 삼아 각기 개별적인 정체성의 형성과 구체화에 초점을 맞추었을 뿐, 문화접변文化接變(acculturation)의 측면에 관심을 기울이지 않았다.

문화의 접촉과 변용adaptation, 상호 침투와 분리, 혼종성hybridity에 대한 분석은 비교적 최근에 이루어졌다. 혼종hybrid의 라틴어 어원은 원래 길들인 암퇘지와 야생 수퇘지 사이에서 태어난 새끼를 의미했다. 동물뿐 아니라 자유로운 시민과 노예 사이에 태어난 어린이를 가리키기도 했다. 시민과 노예라는 엄격한 사회적 이분법이 혼란스러워지는 시기의 사회상을 반영한다고 할 수 있다. 문화의 접변과 혼종성은 오늘날 지구화 추세와 함께 이전보다 한층 더 중요한 문제로 자리 잡게 되었다.

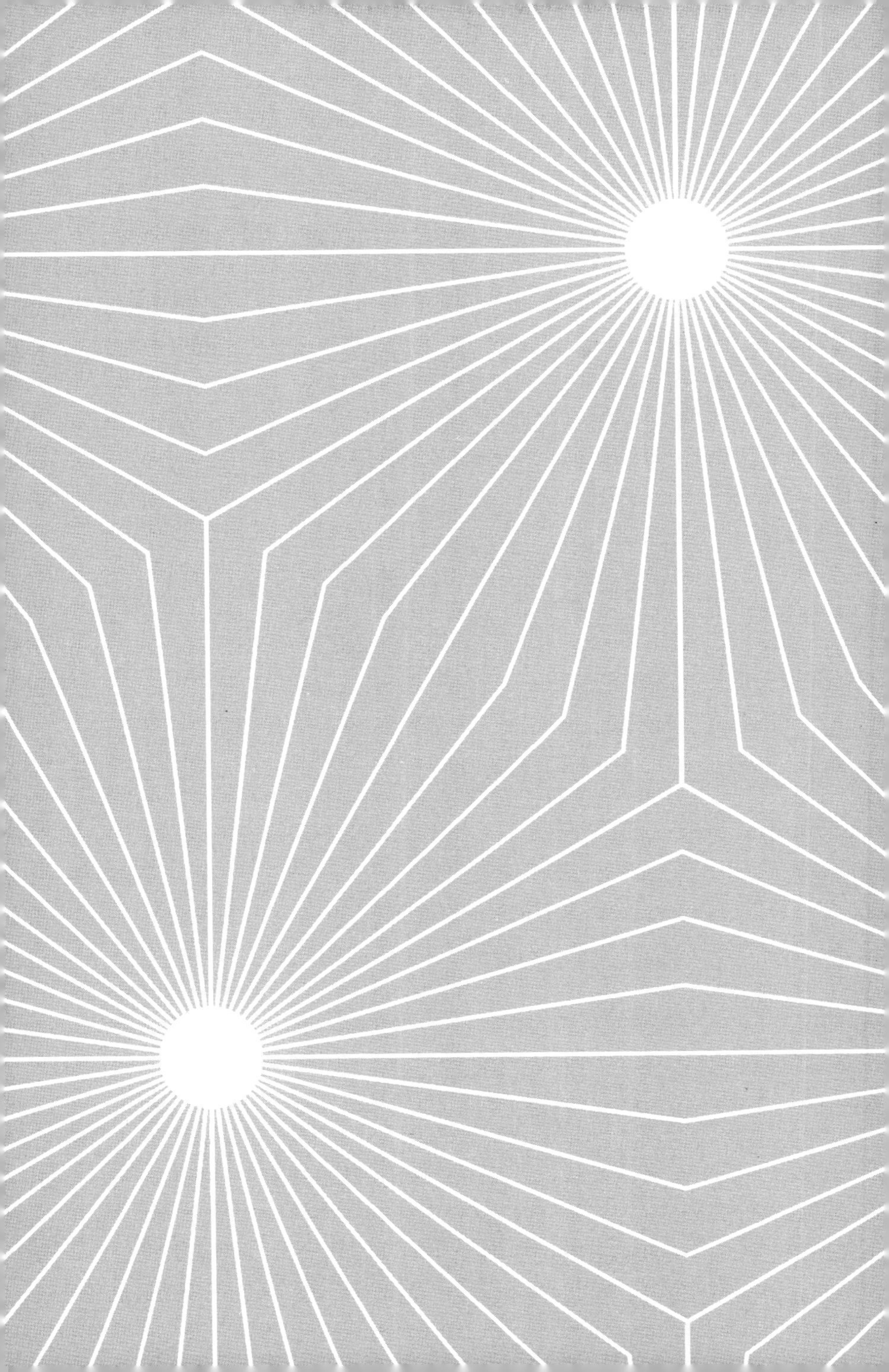

2

대유행병,
역사는 되풀이되는가

그래도 세계는 조금씩 전진한다 01

우한 사태와 175년 전 보아 비스타 사건

중국의 신종 폐렴이 우한뿐 아니라 동남아를 비롯한 몇몇 나라에서도 발생했다는 보도가 잇따르고 있다. 몇 년 전의 사스, 또 한국에서 유행한 메르스를 연상케 한다. 해리슨의 책을 읽다가 1840년대 영국 사회를 떠들썩하게 했던 한 비극적인 사건을 여기 소개한다. 제목은 정확하게 기억나지 않지만, 탑승객이 치명적인 전염병에 감염된 여객기를 다룬 영화가 떠오르기도 한다.

18세기 후반 영국의 노예무역 폐지운동은 1807년 노예무역 폐지법안 통과로 결실을 맺는다. 신분제도로서 노예제는 공식적으로 1833년 폐지된다. 한 세대에 걸친 반노예제운동은 노예무역을 주도했던 당사국이 선도적인 역할을 했다는 점에서, 그리고 대서양 양안의 복음주의의 전통이 끊임없이 운동의 동력을 제공했다는 점에서 역사가들의 주목을 받는다. 1820~50년대에는 영국 해군이 대서양에서 노예무역선을 색출하고 감시하는 공해상의 작전을 펼쳤다. 이 일련의 과정 전체를 일부 역사가들은 영국 '도덕자본'의 한 성취로 바라보기도 한다.

반노예제운동의 종교적 동기나 영국 해군의 공적 활동에 대한 긍정적 평가는 충분히 설득력이 있지만, 영국 세계체제라는 좀 더 구조적인 시각에서 바라볼 필요도 있다. 19세기 전반에 이르면 주로 인도, 카리브해, 오스트레일리아, 캐나다에 국한되었던 영국의 공식적 제국에 이제 영국 해군이 관할하는 자유무역지대, '비공식적' 제국이 덧붙여졌다. 이 제국 연결망은 후일 지구경제global economy의 토대가 되었는데, 이 '영국 세계체제British world-system'는 분명 자유무역 원리에 기반을 둔 것이다. 이 체제는 영제국의 노예제 폐지 물결 속에서 형성되었고, 그 체제의 수익성은 기실 아시아—인도, 중국—에서 아메리카 및 다른 세계로 광범위한 노동력 이동에 근거하고 있었다. 적어도 영국 주도의 세계체제에서 이전의 노예무역은 더이상 체제 유지의 상수가 아니었던 것이다. 이 새로운 상품과 인간의 이동은 증기선과 철도라는 새로운 기술혁신과 밀접하게 관련된다. 이제 19세기 '철도혁명'이라는 용어는 '철도-증기선 혁명Railway and Steamer Revolution'이라는 말로 바뀌어야 한다.

흔히 보아 비스타Boa Vista 사건으로 알려진 영해군 증기선 에클레어Eclair호의 참극은 이 노예무역 감시작전 중에 발생했다. 영국 군함 에클레어호는 1844년 11월 데본포트항을 출발해 서아프리카 기니만으로 향했다. 그 후 이 배는 노예무역을 감시하는 영해군 함대에 합류해 활동했다. 그런데 1845년 9월 28일 영국으로 귀환했을 때 생존한 승무원은 원래 인원의 3분의 1에 지나지 않았다. 희생자 일부는 시에라리온 해변에 머무는 동안 열병에 걸려 목숨을 잃었다. 사실, 이전에도 서아프리카 해역에 활동 중인 영국 해군함정이 열대성 전염병의 내습으로 상당한 인명피해를 입는 경우는 가끔 있었다. 그럼에도 이 사건은 유독 사회적으로 큰 논란을 불러일으켰다.

에클레어호는 귀환 도중에 포르투갈령 보아 비스타Boa Vista섬에 상륙했다. 이 섬은 이미 황열병의 내습으로 황폐화되어 있었다. 섬에 상륙한 승무원들이 병에 감염되었고, 그 후 항해 과정에서 절반 이상의 승무원들이 사망하는 비극을 겪었다. 실제로 100여 명 가운데 귀환 생존자는 30여 명에 지나지 않았다.

1845년 9월 28일 에클레어호는 포츠머스에 돌아온다. 그동안 승무원 가운데 선장 에스트코트를 포함한 90명 이상이 열병을 앓았으며, 사망자만 45명이었다. 그러나 이 함정의 장병들은 인근 어느 병원에도 입원할 수 없었다. 1825년 격리법에 따라 3주간 격리되었기 때문이다. 격리 장소에 계류되는 동안 모든 생존자들은 선상에 머물러야 했다. 이 격리 기간에 더 많은 선원이 감염되었고 이미 발병한 사람들의 상태는 더 악화되었다. 다만, 백인 선원과 대조적으로 아프리카 작전 중에 승선한 아프리카 출신 선원 36명은 다섯을 제외하고 감염되지 않았다. 병에 걸린 선원도 치명적인 상태에 이르지는 않았다. 그러나 백인 선원들의 사망률은 60퍼센트가 넘었다. 선장 월터 에스트코트 중령과 원래 함정 의사, 도중에 다른 군함 우스터호에 근무하다가 자원해서 에클레어호에 옮겨 탄 의사도 모두 목숨을 잃었다.

에클레어호 사망자 수는 이제 언론의 지대한 관심을 끌었으며, 이 때문에 해군성은 승무원들의 상륙 허가를 요구했다. 10월 8일 환자들을 군함 우스터호로 옮기고, 회복 중인 선원들은 벤보우호에 태웠다. 이 당시 환자 치료를 자원해 배를 옮겨 탄 외과의 버나드는 너무 심하게 앓아서 움직일 수 없었으며 바로 그다음 날 사망했다. 우스터호에서 활동하던 다른 외과의 코피가 회복 중인 것이 그나마 다행이었다. 우스터호에서 근무하던 다른 외과의 로저스 박사가 열병에 감염되었고 항해사도 같은 병에 걸려 죽기도 했지만, 그 며칠 동안에 남은 환자 대부분이 회복되기 시작했다.

10월 13일, 에클레어호와 우스터호 등 함정에서 새로운 발병 사례는 없었고 의사 로저스도 회복되기 시작했다. 31일에는 드디어 에클레어호 격리조치가 해제되었다. 살아남은 사람들은 제대한 후 보상을 받았다. 다른 함정에서 옮겨 타 에클레어호를 도왔던 자원자 29명 가운데 생존한 사람들은 승진, 연금 또는 다른 금전적인 보상을 받았다. 함정 격리를 둘러싼 논란 과정에서 《더 타임스》지는 이렇게 항변한다.

> 증기선 에클레어호에 탑승한 선원들이 끔찍한 처지에 빠져 있는데도 그들에게 임박한 죽음의 그림자로부터 그들을 구하려는 어떤 노력도 하지 않도록 방치해서는 안 된다.……불길에 싸인 집에 문이 잠겨 있다는 것을 알게 되면, 많은 사람들이 집안사람들을 구하려고 몰려올 것이다.……에클레어호의 아직 생존한 사람들에 관하여 현재 구호 상태는 이렇다. 도움의 손길이 미치지 못하는 동안 그들은 역병의 참화에 먹이가 되도록 방치되고 있다.……이 불합리하고 구태의연한 격리법은 오히려 구호를 방해할 뿐이며, 에클레어호 선원들은 40일간 그들의 운명에 내맡겨진 것이다. 이를 용인해야 하는가?

에클레어호 사건은 마크 해리슨이 당시 사료더미를 뒤져 찾아낸 특이한 사건이다. 이 사건 관련 부분을 번역하면서 나는 때마침 일본에서 문제된 크루즈선 다이아몬드 프린세스호와 미 항공모함 루즈벨트호를 떠올렸다. 크루즈선은 일본에서 입항을 거부해 공해상을 떠돌다가 가까스로 입항했지만, 사실상 근대 초기 지중해 세계의 격리 상태로 되돌아갔다. 승무원과 여객 모두 하선하지 못하고 선상에서 대기하는 도중에 코로나 감염자가 급증한 것이다. 일본 정부는 이 크루즈선의 코로나 확진자를 자국 통계에 반영하지 않는다. 항공모함 루즈벨트호도 선내 감염으로 제 기능을 수행할 수 없어 미국으로 귀환했다고 한다. 전염병을 정복했다고 공언해온 21세기에 19세기 중엽 에클레어호가 겪었던 일이 되풀이 되고 있다. 역사가 반복된다고 말하는 것은 시대착오적인 표현이기는 하나, 겉으로만 보면 꼭 그런 것으로 보이기도 한다.

19세기 콜레라, 국제협력의 물꼬를 트다

19세기 중엽 콜레라가 자주 유럽을 엄습하면서 사회를 흔들었다. 19세기 영국에서 콜레라는 1830년대부터 간헐적으로 대도시에 창궐한다. 1850년대에 이 질병이 분뇨와 물을 통해 전파된다고 알려지면서 런던을 중심으로 대대적인 상하수도 공사가 진행되었다. 그동안 20곳 이상의 구역별로 각기 따로 놀던 런던시 전체를 관할하는 행정이 나타난 것도 실은 이 상하수도 공사 때문이다.

그러나 유럽 전체로 보면 콜레라에 대한 공포가 절정에 이른 것은 1860년대다. 1865년 유럽인들은 메카에 모인 순례자들 사이에 콜레라가 발생하는 것을 공포의 눈으로 지켜보았다. 이 전염병으로 순례자 가운데 약 3만 명이 죽었고, 곧 이어 유럽을 휩쓸었다. 러시아 9만 명, 북미 5만 명, 프로이센과 전쟁에 휘말린 오스트리아-헝가리제국의 병사자는 16만 5천 명 등으로 나타난다.

콜레라로 인한 사망자 수는 오늘날의 기준으로 볼 때 높게 나타나지만, 당시 결핵과 같은 잘 알려진 일반 전염병과 비교하면 치사율이 낮은 편이었다. 당시 그 전염병은 인도 벵골 삼각주의 늪지대에서 비롯되었다고 믿어졌다. 유럽인들은 콜레라가 창궐할 때마다 인도-서아시아-유럽으로 연결되는 감염 경로를 확인하려고 애썼다. 콜레라의 동양 관련설은 어둠과 타락의 이미지를 떠올리게 만들었다. 그것은 인도와 같이 인구가 조밀하고 지저분한 지역에서 발병하는 것으로 보였다.

콜레라 창궐은 19세기 중엽 철도 및 증기선의 발전과 밀접하게 관련된다. 1830~1870년 사이에 해운노선의 여행 기간이 사실상 반으로 줄었다. 증기력을 이용해 더 크고 더 강한 철제선박이 건조되었기 때문이다. 이 철제증기선은 더 많은 승객을 운송했고 더 많은 세균을 퍼뜨릴 수 있었다. 철도 역시 감염의 새로운 경로를 제공했는데, 역학적인 관점에서 가장 중요한 것은 지중해 항구와 홍해 항구를 연결하는 알렉산드리아-카이로-수에즈 철도였다. 인도에서 온 순례자들이 1865년 메카에 콜레라를 퍼뜨렸다고 전해지는데, 그 당시 이들은 사막을 가로지르는 전통적인 대상 행렬보다 철도편을 더 선호했다. 또한 코카서스 횡단철도 완공도 콜레라가 자주 발생하는 페르시아에서 동유럽으로 그 전염병을 퍼뜨릴 것이라는 소문을 낳기도 했다. 어쩌면 콜레라를 둘러싼 갖가지 담론은 오리엔탈리즘의 총체를 보여준다고 할 수도 있다.

따라서 1865년 메카의 콜레라 발병은 아라비아에서 서쪽으로 더 멀리까지 소리 없이 급속하게 확산될 가능성 때문에 더 큰 우려를 낳았다. 프랑스의 나폴레옹 3세가 1850년대 초 이래 열리지 않던 '국제위생회의' 소집을 주도한 것은 바로 이 두려움 때문이다. 서아시아의 오스만제국, 페르시아, 이집트를 포함해 유럽 국가 대부분이 이 요청에 응답했다. 이후 주기적으로 국제위생회의가 열려 국제 간 협력을 논의하기 시작한다. 주요 항구의 페스트 발병을 각국에 전신으로 통보하고, 동서를 연결하는 항로의 주요 항구에 적절한 격리 조치를 취하기 위한 국제협정이 맺어졌다. 콜레라가 19세기 후반 새로운 국제주의 물결을 낳는 중요한 계기가 된 것이다.

세계가 새로운 교통 통신기술에 의해 변화하고 있고, 이런 변화 속에서 새로운 위험이나 도전에 대응하려면 더 커다란 국제협력을 통해서만 가능하다는 인식이 널리 퍼졌다. 1866년 콘스탄티노플에서 열린 제3회 국제위생회의는 이 새로운 국제주의의 한 단면이었다. 비슷한 시기에 국제협력의 여러 결실이 나타났다. 국제전신연합(1865), 만국우편연합(1874), 국제도량형연합(1875)이 결성되었고, 국제시간대의 기초로서 그리니치를 본초자오선 기점으로 확정하기도 했다.

WHO의 전신,
국제공중보건기구 이야기

전염병의 진화는 근대 문명의 발전과 동일한 궤적을 그린다. 풍토병endemic이 지역 전염병epidemic으로, 그리고 다시 세계적 전염병pandemic으로 진화하는 것은 인간 또는 근대 문명의 자극과 이에 대한 세균의 반응, 둘 사이의 상호작용에서 비롯되었다는 것이 의학사의 통설이다. 우리나라도 지금 지역감염의 위기를 맞고 있지만, 엄격하기로 소문난 일본의 검역 및 방역망이 뚫리고 있다는 보도는 의외다.

오늘날 국제보건기구WHO의 전신은 1909년에 결성된 '국제공중보건기구Office International D'Hygien Publike'이다. 19세기 말 20

세기 초에 국제적 표준화와 협력과 공조를 통해 여러 현안을 해결하려고 한 '신국제주의' 물결은 언뜻 보면 영국 주도로 전개된 것처럼 보이나, 의외로 프랑스가 중요한 역할을 한 사례가 여럿 있다. 국제전신협회, 미터법운동, 올림픽운동도 그렇고 이 국제위생기구 창설도 그렇다. 신국제주의 운동에서 프랑스의 역할은 사실 19세기 후반의 국제정치에서 다시 따져볼 중요한 주제다. 프랑스가 유럽의 표준화를 이끌어낸 후 이를 다시 세계의 표준화로 확장하는 것, 나는 유럽중심주의의 실체가 바로 19세기 후반의 이 표준화라고 생각한다. 동아시아를 비롯한 여러 지역의 사람들은 바로 이 시기에 이 표준화된 새로운 문명과 문화에 깊은 인상을 받았던 것이다.

이 문제는 그렇다 치고, '국제공중보건기구' 이야기를 덧붙인다. 19세기 후반 전염병이 간헐적으로 유럽 및 아메리카 대륙을 엄습하면서 국제공조의 필요성이 높아졌다. 이때 자주 출몰한 전염병은 콜레라와 페스트다. 특히 페스트는 여러 차례 중국 남부, 만주 지역에서 창궐해 곧바로 세계에 퍼졌다. 증기선, 중국 이민의 전 세계적 확산과 밀접하게 관련된다. 전염병 창궐이 곧바로 인종주의를 강화하고 심지어 황화론黃禍論을 낳기도 했다.

1919년 국제연맹이 창설된 후 이 '국제공중보건기구'는 그 산하기구로 자리 잡게 된다. 19세기 후반 전염병이 발병했을 때 그 치명적인 결과를 두려워한 유럽 강대국들은 저마다 항구에서 선박 격리와 육지에서 방역선 설정 등의 극단적 조치를 취했다. 말하자면, 지금 중국에서 허베이성을 폐쇄한 것과 비슷한 상황이 자주 벌어졌다. 문제는 19세기 말이 전 지구적 교통망의 대두와 이민 증가, 교역 및 무역 증가의 특징을 보여준 '제1차 세계화'의 시기였다는 점이다. 각국의 자의적인 선박 격리와 국경 폐쇄로 큰 혼란이 자주 발생했다. 이런 혼란을 최소화하는 길은 무엇인가. 유럽 강대국들은 전염병 발생 정보, 그 확산 경로를 정확하게 파악하고 예측함으로써 한편으로는 전염병의 확산을 효율적으로 막고 다른 한편으로는 상업-무역과 국제교류의 피해를 줄이는 방법을 모색했다. 그 선두에 선 나라가 프랑스였다.

국제연맹의 보건분과Health Section와 상호 협력해 '국제공중보건기구'는 각국 정부를 한데 모아 의료 문제에 더 효율적으로 취급하도록 하는 일종의 정보교환소 역할을 했다. 전염병 관리에 직접 관여하지는 않았지만 역학疫學자료의 수집과 보급을 통해 국제적으로 대응책을 조율하고 관련 정보를 향상시키는 데 도움을 주었다. 통신기술도 이론상으로 적시에 질병 신고가 가능해질 정도로 발전했다. 전기통신망도 이제 광범위하게 깔렸고 무선 라디오의 출현으로 선원들이 그들의 건강 상태를 목적지 항구에 직접 보고할 수 있었다. 항구는 또한 전신 시스템의 접점을 이용해 메시지를 보내는 대신 서로 직접 통신할 수 있었다.

그러나 일본과 같은 일부 신흥 강대국들은 정확한 정보에 기초를 둔 선택적 검역과 격리라는 서방 국가들의 요구에 굴복하지 않았다. 아마 섬나라라는 조건을 더 의식한 결과일 수도 있다. 외국 항구에서 일본에 도착한 모든 선박은 1922년 항만검역법에 따라 건강검진을 받았다. 이러한 규제들은 매우 강경할 수 있고, 그것이 희석되는 것을 막기 위해 일본 정부는 국제위생협정(1903, 1912)에 서명하는 것을 거부했다.

지금 크루즈선을 둘러싼 일본 방역 당국과 정부의 혼선은 격세지감을 느끼게 한다. 1922년 방역법은 케이스별로 항만 방역 당국에게 모든 조치를 취할 수 있는 재량권을 부여했다고 하는데, 신문 보도에 따르면 현재 일본 방역 당국은 이번 크루즈선 사태를 맞아 매뉴얼에 나오지 않아서 갈팡질팡하고 있다는 것이다. 참. 역사의 아이러니다.

높아지는 국경, 그리고 개인의 역할 02

국민국가와 개인숭배에 관하여

코로나 위기를 맞아 각국이 각자도생하고 국제 헤게모니를 둘러싸고 미국과 중국의 경쟁이 격화되면서 국가와 개인의 문제를 다시 생각하지 않을 수 없다. 현대 자본주의 위기를 극복하기 위해서는 국제 거버넌스가 중요한데, 기존 국제 거버넌스 체제가 사실상 와해되고 있다. 국민국가, 공공성, 개인의 자유와 자율, 그리고 국제 거버넌스. 이 밀접하게 서로 관련된 내용을 어떻게 조화시키느냐가 우리가 직면한 과제가 아닐까 싶다.

근대 국민국가는 유럽인의 산물이다. 특히 19세기에 그 본모습이 역사의 무대에 분명하게 드러났다. 3년 전에 19세기 유럽사를 다룬 리처드 에번스의 책 《힘의 추구*The Pursuit of Power*》에 관한 긴 리뷰를 학술지에 발표했다. 펭귄사에서 새로 기획한 유럽사 시리즈 가운데 한 권이다. 10여 년도 훨씬 전에 출판사 청탁을 받았지만 에번스 개인 사정으로 차일피일 지연되다가 2016년에 출간된 것이다. 원래 젊은 시절부터 내가 주로 초점을 맞춰 공부해온 시대는 19세기다. 그 후에 이런 저런 이유를 들어 그 이전으로 올라가기도 하고 20세기로 내려오기도 하지만, 역시 내 연구의 주된 시대는 19세기다.

에번스의 책을 읽으면서 많은 것들을 새롭게 배웠다. 그럼에도 불만스러운 점이 있다. 그중 하나가 국민국가 메커니즘과 19세기 문화의 관계를 섬세하게 다루지 않았다는 점이다. 물론 일상생활에서 기술과 혁신이 어떻게 사람들의 삶을 변화시켰는가에 대해 주목할 만한 시각을 제시하기도 한다. 그럼에도 문화와 예술 그리고 국민국가의 관계는 비교적 소략하게 다룬다. 나는 문예사조와 예술에서 낭만주의, 사실주의, 그리고 인상주의 운동이 이음매 없는 피륙처럼 연이어 사회에 분출했던 점을 주목한다. 이 일련의 움직임은 유럽 국민국가 생성 및 발전과 관련된 것이다.

나폴레옹이 유럽을 뒤집어놓은 19세기 초로 돌아가자. 나폴레옹 지배가 유럽 각국에 가져다준 가장 큰 충격은 무엇이었나? 흔히 나폴레옹은 프랑스혁명의 사생아라고 불린다. 그의 세력 확장과 함께 인근 유럽 군주국가에 프랑스혁명 정신이 곧바로 퍼져 나갔다는 것이다. 그러나 그의 파괴력은 이런 새로운 이념의 전파보다는 기존 권위의 전복이라는 점에 있었다. 군주와 제후의 권위며 지배력이 한편으로는 나폴레옹의 무력에 의해, 다른 한편으로는 프랑스혁명의 위대한 정신이라는 슬로건에 의해 곳곳에서 여지없이 무너져내린 것이다.

기존 정치적·사회적 권위의 전면적 붕괴는 모차르트와 베토벤, 두 음악가의 생애를 비교할 때 어렴풋이 짐작할 수 있다. 모차르트와 베토벤, 이 고전적인 음악가들은 나이로 치면 한 세대 차이도 나지 않는다. 모차르트는 1756년에 태어났다가 1791년 18세기가 다하기 전에 죽는다. 베토벤은 1770년에 태어나 1827년에 세상을 떠났다. 두 사람의 나이 차이는 14살이지만 사거한 해를 보면 베토벤은 모차르트 사후 한 세대가 더 지난 후에 세상을 떠났다. 더욱이 모차르트가 어린 나이부터 음악계에 진출한 것을 고려하면, 두 사람의 삶은 거의 한 세대의 시차를 보여준다고 해도 무방하다.

두 사람의 죽음을 살펴보자. 모차르트는 어린 시절부터 정말 잘나갔다. 신동이라 알려졌고 독일 영방국가 제후들의 초청을 받아 이름을 떨쳤다. 경박한 행동과 자유분방한 성격에도, 재주 때문에 귀족들의 후원을 받으며 어린 시절을 보냈다. 그러나 성년이 된 후에 그는 이전처럼 잘 나가지 못했다. 당시만 하더라도 귀족의 후원 없이는 예술가가 안락한 삶을 살 수 없었다. 모차르트는 다년간 잘츠부르크 주교의 후원으로 근근이 살았다. 그러나 경박한 행동으로 간간이 주교의 시종장에게 밉보였고 그 때문에 그의 모함(?)으로 해고당했다. 이후 그의 삶은 늘 불안하고 요동쳤다. 비엔나와 프라하를 전전하면서 작곡 활동을 계속했지만, 수입이 줄어든 데다

검소하지 못한 탓으로 늘 빈곤에 시달렸다. 장송곡 사례비가 그의 장례비용에 쓰였다는 이야기는 잘 알려져 있다. 천재 모차르트는 너무 일찍 태어났다가 너무 일찍 죽은 것이다. 국민국가가 본격적으로 태동하기 전에 살다가 죽었다. 그 시대에는 모든 권위와 권력과 부는 군주와 대귀족에 집중되어 있었다. 개인숭배란 기대할 수 없었다.

베토벤은 대기만성형이었는가? 어쨌든 그는 비엔나에서 오스트리아의 상징으로 추앙을 받았다. 이제 막 국민국가가 막을 오르던 시대였다. 1827년 그가 사거했을 때 운구행렬은 볼 만했다. 아마 비엔나 시민 대다수가 운구차를 뒤따른 것 같다. 5만 명 이상의 시민이 장례식에 참가했다. 운구차 바로 뒤에는 오스트리아 국왕이 추모행렬을 이끌었다. 베토벤이야말로 진정한 국민국가의 상징이었던 것이다.

자, 이쯤해서 나폴레옹의 파괴력을 이야기해야겠다. 나폴레옹 세력이 유럽을 휩쓸고 난 후에, 기존의 군주와 귀족은 더이상 사회적 권위를 내세울 수 없었다. 국민국가는 자율적 주체를 기반으로 한다. 국민을 자율적 주체로 육성하는 데에는 그들 모두가 인정하는 권위가 필요했다. 그 권위의 안내 아래 국민은 자율적 주체로서 스스로 성장해나갈 것이다. 이 필요성 때문에 권위가 추락한 군주와 귀족의 옛 저택과 궁전은 새로운 상징물로 채워졌다. 국민을 육성하는 데에는 귀족과 군주의 권위가 아니라 그 국가의 전통과 역사였다. 귀족의 사저가 미술관과 박물관으로 변모했다. 사람들은 이들 전시공간에서 그들을 안내해줄 새로운 권위를 찾았다. 국민의 이름으로!

나는 19세기 초 이 미술관, 박물관 열광의 시대가 곧바로 문화예술 분야에서 개인숭배시대로 연결되었다고 본다. 자율적 주체인 국민의 공감과 합의를 이끌어내는 데 효과적인 것은 단순한 전시품보다는 살아 있는 개인들이었다. 그 개인은 자신의 노력과 바그너가 말한 '내면의 빛'을 찾아 일생을 진력한 사람이었다. 그 과정에서 그 개인은 문화와 예술 분야에서 지고의 개인적 성취를 이룩했다. 실제로 그렇기도 하고 때로는 신화와 전설을 통해 과장되기도 했을 것이다. 이쯤에서 우리는 예술사조와 문필업에서 이름을 떨친 무수한 개인을 만난다. 문학과 음악과 미술과 그 밖의 다양한 문예 분야에서 각고의 노력으로 일가를 이룬 개인에 대한 숭배가 가속되었고, 국가권력은 이를 조장했으며, 그들은 근대 국가의 국민 형성에 긴요한 존재가 되었다. 자율적 주체의 전형으로서!

베토벤은 고전파에서 낭만파로 넘어가는 징검다리시대에 죽었고 국민의 상징으로 추앙을 받았다. 미술관, 박물관, 기타 전시장에서 살아 있는 개인으로 국가의 상징물이 이동하면서, 개인숭배는 더욱더 조장된다. 19세기 중엽이 되면 음악 분야의 리스트나 멘델스존 또는 파가니니는 전 유럽을 여행하며 갈채 받는 슈퍼스타였다. 프랑스를 중심으로 활동한 마네, 르노와르, 모네, 고흐에 이르기까지 주로 인상파 화가들도 생전에 이미 신화가 되었다. 아마 과학 분야의 맥스웰에서 아인슈타인까지 이르는 천재과학자들 또한 이 개인숭배시대의 마지막을 장식한 초상화였을 것이다.

이 19세기 개인숭배, 특히 문학과 예술 분야에서 명성을 떨친 사람들의 삶에서 빠질 수 없는 것이 '시대와의 불화'다. 좋게 말해서 그렇지 일탈, 광기, 기벽, 사회적 괴짜, 기행 등이 나란히 뒤따른다. 아무도 이르지 못한 전인미답의 새로운 경지에 닿기 위한 한 인간의 고행과 사투와 인내가 때로는 정상적인 사람이 보면 비정상적으로 보이는 이 같은 행태와 연결될 수도 있다. 숭배의 대상이 된 그 개인은 바로 이 같은 기행과 기벽에 대해 사회적으로 용인받았다. 처음에는 사회적 관용과 이해의 수준이었다가 다음에는 그 기행과 기벽이 그 개인의 상징이 되고, 급기야는 바로 '시대와의 불화'가 문예 분야의 성취를 나타내는 지표로까지 여겨진 것이다.

나는 '시대와의 불화'에 깃든 예술지상주의, 예술을 위해서는 모든 것을 초월하고 또 모든 것이 용납될 수 있다는 새로운 도덕률이 19세기 유럽에서 근대화를 시작한 일본으로, 그리고 식민지 조선으로 그대로 수입되었고 또 그것이 특히 한국에서 장기지속적인 현상으로 자리 잡았다고 생각한다. 이런 망탈리테는 하나의 현상이 아니라 한국 문화예술 분야에서 구조화된 정신세계다. 이 경우 가치전도 현상이 나타난다. 지고의 경지에 오르기 위한 고투의 과정에서 자연스럽게 나타나는 기행과 기벽이 아니라, 문화예술인으로 인정을 받고 자신을 내세우려면 이 '시대와의 불화'를 자신의 상표로 내세우는 것이 중요하다는 인식이 바로 그 구조화된 정신 현상이다.

아놀드 토인비와 일본제국의 검역제도

미국 ABC TV 우드러프Bob Woodruff 기자의 인천공항 입국기가 해외에서 잔잔한 파문을 불러일으키고 있다고 한다. 입국자에 대한 공항 직원들의 세심한 검사와 배려, 심지어 모든 승객에게 1회 소독용 물티슈까지 제공하면서 철저하고도 물 흐르듯이 이뤄지는 방역 절차와 방식에 감탄했다는 것이다.

신종 코로나 바이러스 전염병에 대한 정부와 방역 당국의 대처에 대해서도 55퍼센트가 호의적인 평가를 내렸다는 여론조사도 있다. 내가 봐도 몇 년 전 메르스 사태 때 우왕좌왕하던 모습과 매우 달라졌다. 그 쓰라린 경험이 오히려 새로운 자극제가 되었을 것이다.

무엇보다도 질병관리본부에 전권을 부여한 것이 효과를 거두었다고 본다. 청와대나 정부가 거창한 구호와 제스처를 내세우며 호들갑스럽게 굴지 않아도, 주된 담당 부서 전문가들이 상부 눈치 보지 않고 자유롭게 의견을 교환하고 협의하고 대책을 강구할 때 좋은 결과가 나오는 것이다. 아직 방심할 때는 아니지만, 어쨌든 방역 당국 종사자들의 헌신적인 대처에 감탄과 아울러 성원을 보낸다. 이들의 피로도는 오죽하겠는가. 때마침 정부가 간호사 자격증을 가졌지만 현재 의료 분야에 종사하지 않는 사람들을 대상으로 방역 업무 자원자를 모집할 계획이라고 한다. 아무쪼록 대체인력을 확보하기를 기대한다.

결국 모든 것은 시스템의 문제로 귀결된다. 현재 중국의 거국적인 방역 활동이 시시각각으로 보도되고 있다. 단기간 확진자와 사망자가 급증하는 것은 오히려 희망적인 결과라고 본다. 이전에 비해 정보를 은폐하지 않고 방역 활동이 체계화되고 있다는 증거다. 그러나 이 코로나 바이러스 문제를 극복하더라도 시진핑 정권에게는 문제의 끝이 아니라 새로운 문제의 시작이 될 것이다. 사태가 악화된 이유는 너무나 명백하다. 중앙 정부와 지방 당국의 의사소통, 지방 당국의 자율적 권한 등의 문제점 때문에 초기에 방역할 수 있는 시간을 놓치고 춘절 연휴와 맞물리면서 걷잡을 수 없이 확산된 것이다. 국가 시스템과 효율성의 문제가 도마에 오를 가능성이 있다. 논의가 증폭되다보면, 시진핑의 권력 강화와 연임 문제까지 비화될지도 모른다.

여기서 나는 문득 1929년 영국 역사가 아놀드 토인비의 일본 입국 경험을 떠올린다. 토인비는 그해 10월 28일부터 다음 달 9일까지 교토에서 개최될 국제학술회의에 초청을 받았다. 그는 그 기회에 아시아대륙을 횡단할 계획을 세워 일찍 출발했다. 런던에서 봄베이에 이르기까지는 육로를 이용했고, 그다음 여객선으로 갈아타고 일본까지 여행했다. 그가 탄 여객선은 말라카 해협의 여러 항구들, 주로 영국이 개발한 콜롬보, 페낭, 싱가포르, 홍콩, 상하이에 잠깐씩 정박한 후에 마지막으로 일본 고베항에 들어섰다.

여객선이 고베에 입항하기 전에 작은 선박이 접근했다. 그 배에는 일본인 위생검역반이 타고 있었다. 여객선에 승선한 검역반은 모두 흰 가운에 마스크를 쓰고 있었다. 그들은 모든 승객의 행색을 꼼꼼하게 체크하고 일부 승객에 대해서는 체온을 재고 또 건강 상태를 약식으로 진단하기도 했다. 그러다보니, 검역 시간이 상당히 오래 걸렸던 것 같다.

1920년대만 하더라도 대륙횡단철도를 제외하면 해외여행은 주로 여객선에 의존했다. 섬나라 일본은 국제여객선이 취항하는 여러 항구에서 모든 입국자에 대해 검역을 시행한 것이다. 토인비는 이제껏 유럽 나라를 여행할 때 이와 같은 철저한 검역을 경험한 적이 없었다. 당시 국제 관례로는 특정 국가에서 전염병 발병 소식이 전해졌을 때 그와 관련된 항로를 항해하는 여객선이나 화물선에 검역을 실시했으며 가장 일반적인 방법은 '격리quarantine'였다. 일본은 전염병 통보와 관계없이 일본 항에 입항하는 해외입국자를 검사한 것이다. 토인비는 일본의 국가 시스템 자체에 놀랐던 것 같다.

그러나 다른 한편으로, 토인비는 검사받는 동안 상당히 불쾌한 기분이 들었다. 우선 검역반의 행동이 너무 느려서 지루할 만큼 오랜 시간이 걸렸다. 그들은 이상하고 낯선 짐승들의 질병을 진단하는 듯이, 느릿느릿한 태도를 취하면서 마주하는 승객들을 위아래로 노려보았다. 검역반이 검사하는 동안, 토인비는 《걸리버 여행기*Gulliver's Travels*》의 한 장면을 떠올렸다. 일본인 검역관에게서 '공중에 뜬 섬'(부도浮島, Laputa) 사람들이 걸리버에게 하듯이, 자신들을 멸시하는 듯한 느낌을 받았기 때문이다. 한마디로, 그들은 상당히 위압적인 태도로 승객을 대했던 모양이다. 당시에는 서비스 개념이 없었던 것 같다.

세균학자 기타사토 시바사부로北里柴三郎

마크 해리슨의 책을 번역하다가 기타사토 시바사부로北里柴三郎(1853~1931)라는 일본인 이름이 나와 조사를 해봤다. 기타사토는 1894년 중국 윈난성과 광둥성 일대를 휩쓴 페스트를 다룬 부분에 나온다. 당시 기타사토는 홍콩에서 페스트 원인균(박테리아)을 세계 최초로 검출했다. 기타사토와 스위스 세균학자 알렉상드르 예르생Alexandre Yersin이 거의 같은 시기에 병원균을 추출해냈다.

일본사에 문외한이기 때문에 그의 이름이 생소했다. 찾아보니, 일본 근대화 과정에서 빼놓을 수 없는 인물이다. 어렸을 때 한학과 무예를 배우던 그는 소년기에 구마모토의학교에서 수학하고 이어서 도쿄의학교(도쿄제대 의학부 전신)에서 공부했다. 졸업 후 육군성 산하 위생국에서 근무하다가 국비 유학생으로 선발되어 독일 베를린대학 세균학자 로베르트 코흐 밑에서 연구했다. 그는 일본에 가장 필요한 의학 분야가 예방의학이라고 생각해 세균학 연구에 매진한 것이다. 독일 체류시절에 이미 그는 세포 내 세균 배양을 세계 최초로 성공하고 베를린대학 실험실에서 동료 세균학자 에밀 폰 베링Emil von Bering과 함께 혈청으로 디프테리아 백신을 최초로 만들었다. 이 공로로 제1회 노벨 생리-의학상 분야에 베링과 공동 수상후보로 추천되었지만, 그는 제외되고 베링만 단독 수상한다. 유학시절에 이미 국제적으로 명성을 높인 그는 유럽 여러 국가의 초청을 받았지만 일본으로 귀국한다. 그 후 전염병연구소에서 연구 활동을 계속했다.

그의 이력에서 흥미로운 것은 그가 상당히 반골 기질의 학자였다는 점이다. 도쿄의학교에서 몇 번이나 유급해 동급생보다 몇 년 늦게 졸업했다. 공부를 게을리 한 탓이 아니라, 호기심이 많아 교수들의 견해에 자주 이의를 제기해 미움을 받았다고 한다. 그 후 베를린에서 돌아와 전염병연구소에서 근무할 때에도 연구소를 도쿄제대 의학부에 소속시킨다는 정부 방침을 듣고 과감하게 사표를 던졌다. 1916년 그는 후쿠자와 유키치의 권유로 게이오대학 의학부를 창설하고 교수로 봉직했다.

기타사토의 생애를 일별하면서 나는 일본 근대를 형성해나간 사람들 가운데 비슷한 부류가 상당히 많았을 것으로 생각한다. 특히 그의 반항아적인 기질이 흥미롭다. 가끔 일본의 세미나 또는 소규모 학술모임에 참석할 때 느끼는 감정인데, 모임에 참석한 대학원생이나 젊은 학자들의 태도가 낯선 경우가 있었다. 물론 지금은 바뀌었는지 모르지만 10~20년 전만 해도 그런 풍경을 자주 보았다.

타원형 토론 테이블에 주로 전임교수와 나 같은 방문학자가 자리를 잡고 학생이나 젊은 학자는 그 뒤쪽 벽에 가지런히 놓인 의자에 앉아 세미나를 경청한다. 자유로운 토론의 장에서 그들이 활발하게 참여하는 모습을 보기 어렵다. 한편으로는 연장자 위주의 사회질서를 반영하기도 하고, 다른 한편으로는 젊은이의 겸손과 겸양을 보는 듯하지만 나로서는 상당히 이질적인 분위기였다. 내가 특별한 학연이나 사승관계 없이 제멋대로 그리고 내키는 대로 공부를 해나간 탓인지 모르겠지만, 젊은 시절부터 나는 그런 태도와 거리가 멀었다. 나쁘게 말하면 시건방졌을 것이고, 좋게 말하면 지적 호기심이 많았을 수도 있다.

한마디로, 기타사토는 의학부 재학시절에 예의 바르고 겸손한 학생으로 인정받지 못했던 것 같다. 그는 유학을 마치고 유럽의 몇몇 대학에서 초빙을 받았지만 고국으로 돌아왔다. 아마 국비 유학생 혜택을 받았으니 그에 따른 의무 복무 기간이 있었을 것이다. 어쩌면 육군 산하 전염병연구소에 근무한 것도 이런 의무규정 때문이었는지 모른다. 그렇지만, 도쿄대 의학부에 대한 감정은 별로 좋지 않았던 것이 분명하다. 이 연구소가 도쿄대 산하로 들어가자 곧바로 사표를 던졌기 때문이다.

그의 학문적 업적과 명성으로 보아 다른 나라로 떠나거나 자기를 높이 평가하는 곳으로 나갈 수도 있었다. 그렇지만 그는 일본에서 묵묵히 위생학과 공중보건의 기초를 다지는 일에 종사했다. 요즘 들어서 이러한 정서는 낡은 것으로 보일 수 있다. 국민국가의 시대가 끝나고 초국가, 세계화의 시대에 걸맞지 않은 정서라는 것이다. 그러나 나는 이런 정서가 오히려 낯익다. 때마침 코로나 광풍에 세계화의 모든 성취가 일거에 무너지고 있다는 아우성이 이곳저곳에서 들린다. 국경이 다시 높아지는 듯하다.

03 역사는 되풀이되는가

기차를 타고 펴져 나간 페스트

중국의 신종 코로나 전염병은 인재人災다. 정보 은폐, 초기 대응 실패가 춘절 연휴와 맞물려 순식간에 중국 대륙을 엄습하게 된 것이다. 역사 연구자로서 역사는 반복된다는 말을 싫어한다. 패턴이 비슷할 수는 있겠지만, 과거의 사건이 자연과학자들의 실험처럼 그대로 재현되는 것은 아니다. 다만 이를 강조하는 것은 비슷한 사례에서도 이전에 살았던 사람들의 대응과 실패를 통해 교훈을 얻거나 반면교사로 삼을 수 있다고 생각하기 때문이다.

1910~11년 만주 전역을 휩쓴 페스트가 눈에 띈다. 당시 페스트의 엄습으로 사망자만 6만 명에 이르렀다. 1890년대 중국 광둥성에서 창궐한 페스트와 달리 1910년 만주를 엄습한 이 전염병은 강이나 해안보다는 주로 철도노선을 타고 펴져 나갔다. 19세기 말 20세기 초 전염병학자들은 철도가 전염병을 확산시킬 위험을 감지

했다. 영국의 세균학자 E. H. 한킨은 당시 아시아-아프리카의 대규모 철도공사를 언급하면서 그 위험성을 경고하기도 했다. "철도는 질병이 근절될 것이라는 약속은커녕, 점증하는 불안의 근원이 될 것이다."

1890년대 이후 만주는 점차 이 지역의 패권을 놓고 경쟁한 러시아와 일본의 지배 아래 들어가게 되었다. 러시아는 치타에서 블라디보스토크까지 북만주를 가로지르는 동청철도東靑鐵道를 건설한다. 이 철도는 모스크바와 태평양 연안을 연결하는 시베리아 횡단철도의 최종 구간이었다. 동청철도는 신징(신경, 봉천)을 거쳐 랴오둥반도 남단의 뤼순旅順까지 이르는 남부 지선과 연결되었다.

1904~5년 러일전쟁에서 러시아가 패배한 후에 러시아 세력은 북쪽으로 밀려났고 뤼순과 연결되는 남부 지선은 일본이 장악해 남만주철도회사[만철滿鐵]에 귀속되었다. 1910년 페스트가 엄습했을 때, 전염병은 바로 동청철도와 만철을 타고 각지로 널리 퍼져나간 것이다.

1910년 10월 페스트 발병에 관한 최초의 보도가 있었다. 내몽고의 철도 인근에 있는 작은 읍에서 처음 발병했는데, 한 달 후 이 질병은 하얼빈시에서도 나타났다. 시베리아 설치류 짐승인 타르바간tarbagan을 사냥하던 두 남자가 처음 페스트 진단을 받았다. 이 짐승이야말로 페스트 감염의 야생 '저수지'였다. 과거에도 사냥꾼들이 병에 걸렸다. 철도 중심지 하얼빈은 이제 페스트 확산의 거점이 되었다. 페스트는 만주 중부 및 남부 지역, 그리고 인접해 있는 허베이성과 산둥성으로 급속히 퍼져 나갔다. 확산 경로는 춘절春節을 맞아 귀성하는 노동자들의 이동 경로와 거의 일치했다.

이번 신종 코로나 사태는 1910년의 페스트 창궐의 판박이다. 야생동물 감염, 철도 중심지, 춘절 귀성객 등. 당시 청나라는 사실상 실패한 국가였으므로 전염병 방역대책을 세울 여지도 없었다. 현대 중국은 강력한 통제력을 갖추고 있음에도 발병에 관한 대부분의 정보를 은폐했기 때문에 초기에 적절한 대응을 하지 못했다. 배경은 달라도 결과는 마찬가지다. 결국 제때 대응하지 못한 채 춘절 대규모 인구이동으로 이어진 것이다. 우한이 하얼빈 못지않게 철도교통 중심지라는 점도 비슷하다. 오히려 2000년대 중국이 사통팔달四通八達로 개통한 고속철이 말 그대로 감염병 확산의 고속 경로가 된 것이다.

세계화와 페스트 그리고 황화론

순경제적 맥락에서 세계화란 상품·자본·노동이 세계적 규모의 시장으로 통합되는 과정을 의미한다. 이러한 시장 통합에 서비스·지식·문화까지 포섭된다. 영국 역사가들은 진정한 세계화의 출발은 1870~1914년간의 시기에 특히 영국 주도로 전개되었다고 주장한다. 전신·전화·철도·증기선 등 일련의 기술혁신과 교통혁명에 힘입어 영국은 백인자치령과 식민지를 본국과 연결하는 국제적 규모의 네트워크를 강화했으며, 그 연결망의 가장 중요한 연결고리는 수에즈운하였다.

그 세계화 추세는 1, 2차 세계대전과 자본주의-사회주의권의 대립으로 한동안 둔화되었다가 1990년대 이후 급속하게 상승 분위기를 탔다. 사회주의권의 붕괴, 정보통신혁명, 물류혁명, 디지털혁명이 물적 기반이 되었다고 본다.

1차, 2차 세계화 추세에서 주도 국가는 각기 영국과 미국이다. 그러나 이것만으로 모든 것을 설명할 수 있을까? 두 차례 결정적인 세계화 과정에서 중국의 역할을 다시 돌아보아야 한다. 1차 세계화 과정에서 중국은 이주와 이민을 통해 세계적 규모로 값싸고 풍부한 노동력을 제공했다. 미국, 캐나다, 오스트레일리아의 사회간접자본 건설은 중국 노동력에 힘입었다. 동남아시아, 동아프리카 서인도제도의 플랜테이션 농업에도 중국과 인도 노동력이 공급되었다.

중국은 2차 세계화의 혜택을 받았다고들 한다. 물론 그런 면이 있다. 그러나 달리 보면, 2차 세계화 시기에 중국은 값싼 공산품과 일상용품을 전 세계에 공급했다. 중국 국내총생산이 세계에서 차지하는 비중이 16퍼센트이니, 아마 제조업만 따로 계산하면 그 비중은 거의 20퍼센트를 상회할 것이다. 세계가 중국의 값싼 공산품에 의존해 살아가고 있는 것이다. 그다음에 중국 중간층의 해외여행과 관광이 유럽·일본 등 이미 갈수록 활력이 떨어지는 나라들에 새로운 수요를 창출하고 있다.

중국의 이러한 기여가 있음에도 중국에 대한 불신과 혐오감정은 어디서나 시도 때도 없이 나타난다. 20세기 초 오스트레일리아를 비롯한 영제국권에서는 황화론黃禍論이 기승을 부렸다. 이 황화론의 배경은 중국인 이주의 증가지만 그에 못지않게 자극을 준 것은 페스트다. 19세기 말 20세기 초에 중국 광둥성, 만주 등지에서 간헐적으로 창궐한 이 전염병은 인근 다른 나라에 퍼져 충격을 주면서 전염병과 연결된 인종주의가 팽배했다. 지금 미국이 코로나 위기의 주범으로 중국을 몰아붙이는 것을 보면 이와 비슷한 상황이 재연되고 있다.

그나저나 국력을 총동원해 코로나 바이러스와 전쟁을 벌이는 과정에서 고통 받는 중국 서민, 특히 우한시를 비롯한 허베이성 주민은 수천만 명에 이른다. 그들에 대한 원천적인 격리와 속박, 그에 따른 인신적 고통은 전 세계는 물론, 중국 집권층과 다른 지역 사람들의 관심을 받지 못한다. 외부 사람들은 인권과 개인의 존엄이 무시되는 현 사태를 냉소적으로 바라보면서도, 정작 중국 서민층

이 당하는 고통은 외면한다. 시진핑은 이 바이러스 사태를 진정시키는 과정에서 혹시라도 있을지 모를 정치적 긴장과 인민의 불만을 한편으로는 감시체제를 동원한 통제로, 다른 한편으로는 당근으로 해소함과 동시에 오히려 집권 기반을 강화하려고 하겠지만, 결과가 어떻게 될지는 두고 볼 일이다.

근대 문명과 우역牛疫의 습격

우리도 방역망이 뚫리고 지역감염 가능성이 농후해졌다. 방역 당국의 노고야 두말할 필요도 없고 우리나라 방역수준도 매우 뛰어나지만, 전염병 창궐기에 모든 것을 막을 수는 없다. 그래도 조심스럽게 낙관적인 전망을 내리는 것은 우리 사회 전체적으로 개인위생에 대한 경각심이 상당히 높아졌다는 점에 근거를 둔다. 지역감염 피해를 최소화할 수 있는 관건은 결국 개인이 얼마나 경각심을 갖고 개인위생을 철저히 하느냐에 달려 있다. 광신적 종교집단의 무절제한 집회는 그들 스스로 절제하는 것을 호소할 수밖에 없다. 종교탄압 운운할 테니까.

자료를 보다가 가축 전염병을 정리할 필요성을 느낀다. 한 질병이 풍토병endemic에서 국지전염병epidemic으로, 다시 세계적 전염병pandemic으로 확산 창궐하는 추세는 역시 근대 문명의 발전과 밀접하게 관련된다. 그러니까, 세계적 규모의 가축 전염병 또한 근대 문명의 결과물이다. 18세기 이후 유럽 문헌에서 가축 질병으로 자주 언급되는 것은 우역牛疫이다(영어로 cattle plague 또는 rinder–pest로 표기한다). 그 전염성과 치사율이 높아 근대 유럽 사회에서 중요한 문젯거리로 등장한다.

18세기 중엽에 특히 우역이 빈번하게 나타나는데, 흥미로운 것은 그 병이 창궐한 시기가 18세기 전쟁기와 상당히 일치한다는 사실이다. 우역은 에스파냐 왕위계승전쟁(1702~13), 오스트리아 왕위계승전쟁(1740~8), 7년전쟁(1756~63) 시기에 유럽을 휩쓸었다. 앞의 두 시기에 창궐한 우역의 발원지는 러시아 초원지대, 세 번째 시기의 발원지는 흑해 연안으로 거론된다. 전시에 군대 이동과 군대 보급용으로 특히 소의 이동이 확산의 중요한 계기였던 것이다.

초기에는 우역 방역을 위한 입법이 전무했기 때문에 그 피해를 농민이 고스란히 감당할 수밖에 없었다. 1740년대에 유럽 각국에 감염된 소의 도살, 판매 규제, 축사 소독 및 훈증의 내용을 담은 법률이 제정된다. 흥미로운 것은 이런 법령이 교황 클레멘스 11세(1700~21)의 공표 내용을 주로 따르고 있다는 점이다. 그는 개인 주치의 조반니 란치시Giovanni Lancisi의 권유를 받아 이런 내용을 공표했다. 란치시는 당시 소들이 자주 걸리는 '열병'이 처음에는 국지적인 정도로 그치다가 확산해 전염병으로 바뀐다는 점에 주목하고 이를 막기 위해 축사 소독, 감염된 소의 폐기 등을 권고한 것이다.

물론 1740년대 유럽 실정으로는 우역예방법이 제정되었어도 실효를 거두기는 어려웠다. 농민들이 주로 반대했는데, 감염된 소를 폐기하는 문제에 특히 반발했다. 엄청난 손실을 가져다주기 때문이다. 그들은 발병 자체를 신고하지 않고 민간요법에서 치료제라고 알려진 여러 약을 이용해 소를 치료하려고 했다. 이런 관행 때문에 우역은 한 지역을 넘어 간헐적으로 전 유럽을 휩쓸었다. 프로이센은 동유럽과 인접한 국경 전체에 방역선을 구축하고 군대가 경비하면서 감염된 지역의 가축의 반입을 엄격하게 금지했다. 이 덕분에 프로이센의 피해가 상대적으로 적었다고 알려져 있다. 당시 구제역口蹄疫은 우역에 비하면 피해가 덜했다는 기록이 보인다.

19세기 중반에, 가축 역병이 다시 광범위한 지역으로 퍼져 나갔다. 이 질병은 이전 우역으로 불린 것과 다른 증세를 나타내 동시대 사람들은 '폐렴'으로 불렀다. 정확히는 '소낭성 폐렴bovine pleuropneumonia'이다. 이 병의 유행은 증기선 등장과 관련된다. 자유무역의 활성화에 따라 가축 운송에 관련된 옛날의 규제를 없애면서 유럽의 소가 아메리카로, 아메리카에서 사육된 소가 유럽으로 자유롭게 운송되었다.

1840년대 이후 증기선을 타고 번져간 이 폐렴은 처음에는 중부 및 동유럽에서 창궐했고 1830년대에 네덜란드, 영국을 거쳐 아일랜드, 스칸디나비아에서 발생한다. 그리고 1840년대에 미국에서도 보고되고 있다. 당시 유행하던 다른 동물 질병과 달리, 우역은 전염성이 강할 뿐만 아니라 아주 치명적이었다. 대부분의 소는 발열, 콧물, 설사 등의 증세가 나타난 지 6~12일 이내에 죽었다. 유럽과 아메리카 농민이 타격을 받았고 때로는 농촌세계가 황폐해졌다. 섣불리 예단할 수는 없지만 1870~80년대 유럽 각국의 이농현상이 간접적으로는 이와 관련되었는지도 모르겠다.

영국 내란과 천년왕국의 환상

기독교는 처음부터 종말론적 종교였다. 재림의 환상은 예수 사후 초기 교회에서 매우 강했으며, 교부시대에 기독교가 제도화된 이후에도 종말론과 천년왕국의 환상은 기독교 하부 문화로 존속했고 시대를 건너뛰어 분출하기도 했다.

한국 기독교에서 특히 이 환상은 무척 강하다. 포스트모던시대에도 사라질 줄 모른다. 나는 한국 보수 기독교단의 망탈리테를 이중구조로 파악한다. 하나는 기복신앙, 그러니까 이 땅에서 은총을 받아 잘 살겠다는 것이고, 다른 하나는 이 미친 세상이 뒤엎어지고 나와 동료들만이 예수 재림이건 휴거건 어쨌든 새로운 세상을 맞이하게 될 것이라는 강력한 환상이다. 이런 종교적 심성은 한국 신흥종교 일반에 나타나는 개벽사상과 거의 일치한다.

신천지교회가 화제가 되고 있는데, 나는 이것이 한국 보수 기독교가 뿌린 씨앗이라고 본다. 1950년대 이래 종말론적 신앙은 동학이나 증산교 같은 한국 고유의 신흥종교보다는 오히려 기독교에서 주로 자양분을 받아 자라왔다. 종말론을 전파하는 여러 교파가 대체로 기독교 교의를 비틀고 왜곡한 형태로 나타난 것이다. 한국의 상당수 목사들도 종말론적 세계관의 영향을 짙게 받아왔다. 다만, 그때가 가까운 시일 안에 닥치리라 확언하는지 아니면 잠정적으로 먼 훗날에 오리라고 머뭇거리며 말하는지, 그 정도의 차이가 있을 뿐이다. 말하자면 오십보백보다.

나는 민족 수난기나 민중이 집단적 고통을 겪는 시기에 종말론적 환상이 갖는 역사적 역할을 부정하지는 않는다. 일제하에 우후죽순처럼 나타났던 한국의 신흥종교는 희망의 끈을 찾을 수 없는 고통받는 민중에게 새로운 세상이라는 환상을 심어주었다. 그것이 환상이라고 하더라도 식민지 조선 민중 가운데 상당수 사람들이 그 환상에 기대어 현실의 고통을 감내할 수 있었다. 나는 그것도 부인할 수 없는 역사적 사실이라고 본다.

그러나 인문 진화가 계속되고 인간과 사회와 세계에 대한 일반지식이 널리 퍼질수록 환상적 종말론은 설득력을 상실한다. 그렇더라도 인문 진화의 발전은 항상 불균등하게 진행될 수밖에 없으므로 그 환상은 세대를 건너뛰어 발호하고 또 특정 사람들이 심취한다. 이것도 부인할 수 없는 오늘날의 현실이다. 종교적 종말론이 아니라, 지금 이 순간 인류가 절실하게 필요로 하는 종말론이 있다. 바로, 지금 우리가 무엇인가를 당장 시도하지 않으면 물리적 세계인 이 지구가 '종말'을 고하리라는 '종말론'이다.

종말론 하면 나는 으레 17세기 영국 내란기의 종교지형도를 연상한다. 영국 내란 관련 자료를 읽으면서 새삼스럽게 관심 가는 것이 말세론, 천년왕국설이다. 1640년대 의회군, 좀 더 정확히는 크롬웰의 신형군New Model Army에 참가한 사병과 하사관 가운데 청교도 신앙을 가진 사람들이 다수였겠지만, 그와 좀 더 다른 일종의 말세론자들이 있었다. 특히 그들은 곧 지상에 천년왕국이 도래할 것이고 자기들의 전투야말로 그 천년왕국의 길을 닦는 신의 섭리라고 생각했다. 그들은 가톨릭, 영국 국교회, 청교도 장로파, 독립파는 물론 모든 제도종교를 거부한 제3의 종교문화를 보여주었다. 인간과 신의 직접적인 대면이 가능하고, 자신이 바로 그런 능력을 가졌다는 환상을 가진 사람들은 수없이 많았다.

신형군의 사병과 하사관 집단은 내란 후에 다시 자신의 생업으로 돌아갔다. 그들 대부분은 사회를 뒤집는 것이 신의 섭리라는 자신의 믿음으로부터 배신당했다. 그 후에 그들의 신앙은 대부분 내면화 과정을 거친다. 구원과 섭리를 좀 더 깊이 성찰하기 시작한 것이다. 새로운 해석이 또 다른 해석을 낳았다. 기존 장로파, 청교도의 신앙을 토대로 개신교의 급격한 분화가 진행되었다. 이에 따라 퀘이커파, 랜터파, 침례파, 회중파를 비롯해 다양한 개신교 분파들이 역사의 전면에 등장한다. 거의 화산 폭발과 비슷했다. 에드워드 톰슨도 《영국 노동계급의 형성》에서 이 내면화 과정을 상당한 분량으로 서술한다. 존 번연의 《천로역정*Pilgrim's Progress*》은 이 내면화 과정을 보여주는 한 상징이다.

이런 분파의 상당수는 제도종교의 형식을 존중했고 그를 뒤따랐다. 그러나 그 경계 너머 제3의 종교문화와 형식이 펼쳐졌다. 신의 섭리로 이 땅에 자신들을 중심으로 새로운 천년왕국이 도래하리라는 환상이 확산되었다. 이제는 전투와 노력이 아니라 신의 섭리만이 작용할 것이다. 이를 감지하고 준비하기 위해서는 그 '때'가 언제인가, 이를 정확하게 알아내는 것이 중요했다.

사실, 초기 공산주의 사상의 원조라고 일컬어지는 제러드 윈스탄리도 천년왕국의 환상을 가졌다. 신형군의 사병과 런던의 수공업 장인 가운데 〈다니엘서〉와 〈요한묵시록〉의 예언이 곧 실현될 것이고 최후의 날이 임박했으며, 저 흉악한 자들에게 복수할 날이 오리라는 환상을 가진 사람들은 도처에 있었다. 4대에 걸쳐 네 제국이 차례로 흥망을 거듭하고 그 후에 영원한 왕국이 건설될 것이라는 다니엘의 환상은 주로 재세례파 교도 중심의 '제5왕국 신민The Fifth Mornachy Men' 종파를 형성했다.

레스터 출신 제화공으로 초기 퀘이커파였던 조지 폭스George Fox는 리치필드 저잣거리를 맨발로 걸어가면서 불의 세례를 경고했다. "화 있을진저, 리치필드여." 그는 "거리가 피의 운하처럼 흐르고 시장이 피의 샘물로 변하는" 환상을 본 것이다. 그의 한 친구는 이렇게 물었다. "가엾어라, 친구여. 자네 구두는 어디에 두었지?" 요크셔의 제임스 네일러는 신형군 기병연대 장교 출신으로 폭스의 친구이기도 했다. 1656년 10월 그는 메시아 흉내를 내면서 말을 타고 브리스톨에 이르렀다. 그의 여제자들은 그 앞에 옷가지를 벗어 던지며 "신성하시다, 신성하시다"라고 외쳤다. 이 불경한 행위 때문에 네일러는 의회의 명령으로 채찍질당하고 수족 절단, 투옥이라는 참혹한 형벌을 받았으며 3년 후에 죽었다. 서양 기독교의 역사를 훑어보면 천년왕국설의 환상은 거의 격세유전적으로 내려오고 특히 사회가 혼란한 시기에는 시도때도 없이 분출하는 것을 알 수 있다.

퀘이커파에 대한 단상

개신교는 종파가 많다. 특히 한국이 그렇다. 장로파 내에서만 교파가 백여 개가 넘는다고 들었다. 그러니까 교계를 대표한다는 기구도 많다. 기독교 역사에서 개신교의 분파주의는 사실 16세기 이래 성서 독해의 민주화에 따른 필연적인 귀결이다. 지금 이단으로 몰려 있는 '신천지교회'도 '성서 독해의 민주화'를 반영한다.

그러나 한국에서 성서 해석의 다양성은 성서를 텍스트로 보고 콘텍스트 속에서 텍스트의 다의성에 접근하는 인문학적 전통과 거리가 멀다. 이런 시각에서 보면, 구약성서는 말할 필요도 없고, 신약성서도 말을 전파한 예수, 그 말을 들었던 사람들의 기억과 회상, 그리고 그들의 구전을 받아 적은 복음 기록자들, 히브리어, 그리스어, 기타 언어로 번역 과정, 기원후 3세기경 기독교 제도화 과정에서 경전의 취사선택 등 여러 단계를 거치면서 변용, 변화된 것이다.

그러나 한국 개신교 다수는 성서 근본주의에서 한 걸음도 앞으로 나가지 못했다. 그렇다면 이런 상태에서 해석의 민주화는 어떻게 작용했을까. 한마디로 그 해석자의 이해수준, 편견, 아집과 아상, 욕망, 엘리트주의 등 다양한 감정과 태도, 그리고 심성과 연결되어 자기만의 자의적인 해석이라는 형태로 진화 발전한 것이다.

대체로 전천년설에 의거한 휴거와 예수 재림을 설파한 광신자들은 유럽사에서 시대를 건너뛰어 나타났다. 영국에서도 이미 1381년 농민봉기에서 추수꾼을 자처하는 지도자들이 있었다. 17세기 내란기에도 사회변혁의 꿈을 상실한 청교도들 가운데 일부가 신앙의 내면화 과정에서 천년왕국의 환상을 설파하는 사람들이 분출했다. 19세기에도 이런 환상은 자주 나타난다. 휴거와 예수 재림의 환상이 무수하게 출현했지만 실현된 적은 없다.

지금 잠깐 퀘이커파에 관한 자료를 읽고 있다. 잘 알려져 있듯이, 이 교파는 조지 폭스(1624~91)와 관련된다. 그는 의회군의 병사로서 천년왕국의 꿈을 가지고 내란에 참여한다. 그는 내란이 수포로 돌아간 후 신앙의 내면화 과정에서 천년왕국의 꿈을 버리지 않았다.

천년왕국의 즉각적인 도래를 믿었던 폭스는 그 환상이 깨지자 기존 제도종교와 다른 제3의 종교문화를 체득하고 설파했다. 그는 모든 제도종교를 배격하고 비제도적 종교운동에 진력했다. 퀘이커Quakers란 원래 '몸을 떠는 사람들'이라는 뜻이다. 그가 추종자들에게 "신의 이름을 들으면 몸을 떨어라"고 가르친 데서 나온 말이라고 한다. 그는 모든 개인이 구원받을 수 있다는 전제를 내세운다. 이는 모든 인간이 신 앞에 평등하다는 신념에서 나온 것이다. 스스로 성찰해 내면에서 '내면의 빛' 또는 '구원의 빛'을 감지하면 신과 직접 교감이 가능하다고 믿었다. 따라서 개인과 신 사이의 중재자는 필요 없는 것이다. 그 중재자가 제도종교가 아니던가.

그는 내면의 빛을 감지한 사람들끼리의 우애와 협조를 강조하면서 그들 모두가 예수의 삶을 따라 실천하는 것이 중요하다는 것을 가르쳤다. 제도종교의 모든 의례는 배격 대상이 된다. 주일성수, 십일조는 종교의 본질과 관련 없는 장식품에 지나지 않는다. 이런 가르침 자체가 당시 영국 정치와 사회에 극히 도발적인 것이었기 때문에 퀘이커는 극단적인 탄압을 받는다. 1689년 관용법 대상에서도 제외되었다. 17~18세기 영국 사회는 퀘이커 박멸정책을 지속한다. 17~18세기 연간에 1만 5,000명 이상의 퀘이커 교도가 투옥되었고 감옥에서 사망한 교도는 869명에 이른다. 관용 사회라고 알려진 영국 사회의 이면이다. 1829년 가톨릭 해방법으로 가톨릭에 대한 사회적 차별이 철폐되었음에도 퀘이커는 예외였다. 영국 사회에서 퀘이커 교도가 정치규제에서 풀려난 것은 1835년, 학계 및 전문직에 진출할 수 있도록 허용된 것은 1871년의 일이다.

17~19세기에 걸친 사회적 차별에 대응하는 과정에서 퀘이커들은 그들의 공동체적 결속을 강화하고, 주로 규제를 당하지 않는 분야, 중소 상공업 분야, 수공장인 세계로 진출하게 되었다. 18세기 초기 산업화 과정에서 주도적인 역할을 한 인물 상당수가 퀘이커 교도인 것은 이 때문이다. 제철공업의 초석을 닦은 에이브러햄 다비와 그 가문 자체가 퀘이커였다. 스톡턴에서 달링턴까지 최초의 철도노선을 개설한 스톡턴-달링턴 철도회사는 퀘이커가 창업했다. 초기 철도의 시대에 주요 노선은 퀘이커들이 개설했다. 리버풀-맨체스터 노선, 런던-버밍엄 노선이 대표적이다. 캐드버리나 론트리 같은 영국의 대표적인 초콜릿 회사도 퀘이커다. 영국 산업화와 퀘이커의 관련성은 상당히 실증적인 연구가 진척되어 있다. 리처드 토니의《종교와 자본주의의 대두》에서도 주된 테제다.

퀘이커 교도 일부는 박해를 피해 해외 영국 식민지에서 새로운 삶을 추구하기도 했다. 그들이 추구하는 삶의 기본 태도, 즉 평화,

평등, 진리, 단순한 생활을 구현하기가 쉽지 않았기 때문이다. 해외 생활공간 개척의 대표적 사례가 미국의 펜실베니아주다. 조지 폭스는 예정설과 위계적인 교회조직을 부정하고 그 대신에 회중뿐 아니라 비기독교도와의 평화 및 평등주의를 강조했다. 그러다 귀족 작위를 지닌 청년 윌리엄 펜William Penn이 그를 따르게 되었다. 펜은 폭스와 함께 북미 식민 사회를 개척하기로 결심한다. 찰스 2세 치세기에 그는 뉴욕과 메릴랜드 사이의 광대한 지역에 대한 특허장을 받았다.

처음 펜은 그 지역 이름을 숲이라는 뜻에서 차용하려고 했다. '실반Sylvan'은 숲이라는 뜻이다. '실베이니아'는 숲이 무성한 땅이라는 뜻으로 보면 된다. 여기에 찰스 2세가 해군제독 출신 귀족이었던 그의 부친 이름을 하사해 펜실베니아라는 지명으로 불리게 된 것이다. 결국, 이 지명은 퀘이커파 교도 윌리엄 펜과 밀접하게 관련된다. 윌리엄 펜이 처음부터 퀘이커파 종교의 자유를 찾아 신대륙에 백인 정착지를 세웠던 만큼, 퀘이커파의 신념에 따른 정책을 펴나간 것은 당연한 일이다. 펜실베니아는 초기 식민지 사회에서 가장 번영하는 백인 정착지로 떠올랐다. 귀족 주도로 개척했지만, 박애주의 정신을 표명하고 인근 원주민과 평화로운 관계를 맺었기 때문에 수많은 이주민들이 몰려왔다.

중심 도시 필라델피아Philadelphia는 원래 형제애brotherly love라는 의미를 갖는다. 이 도시는 18세기 중엽까지 동부 뉴잉글랜드 사회에서 가장 번영하는 도시로 떠올랐다. 규모뿐 아니라 도시 생활과 문화에 이르기까지 식민지 사회의 중심이었다. 18세기 많은 지식인들이 필라델피아를 거점으로 활동했다. 벤저민 프랭클린도 그 중 한 사람이었다. 1759년 프랭클린은 펜실베니아주 대표로 런던을 방문한다. 그는 세인트앤드류스대학에서 전기방전 실험 연구로 명예박사 학위를 얻기도 했다. 18세기 중엽 독립의 열기가 피어오를 때 필라델피아는 그 중심지이기도 했다. 1, 2차 대륙회의가 이곳에서 열렸고 미국 헌법이 제정된 후에는 한동안 신생 미국의 수도이기도 했다. 종말론에서 시작했던 퀘이커파는 신천지 펜실베니아에서 새로운 사회 건설에 앞서 나서기도 했다. 최근 신천지 사태를 보면서 드는 생각이다.

팬데믹시대, 국가와 지도자의 역할 05

팬데믹Pandemic 상황에서 영국 의료의 실태

오늘 아침 평소 친분이 있는 한 영국 역사가의 페이스북을 읽었다. 그는 근래 자신이 겪은 소동을 담담하게 이야기했다. 3월 10일경 그는 가슴의 통증과 호흡곤란을 느끼기 시작했다. 곧바로 국민건강보험NHS에 전화를 걸어 자신이 그 전날 오전에 이탈리아 북부에서 온 사람을 만났고, 가래가 짙게 나오고 통증이 있음을 호소하면서 코로나 검사를 신청했다. NHS가 곧 연락하겠다고 했지만 아무런 통보를 받지 못했다. 그 후 두어 차례 전화 신청을 했다. 그러다 3월 19일[그러니까 신청한지 만 8일 후!] 그는 병원에 실려 갔다. 그 상황을 이렇게 말한다.

> 나는 3월 19일 오후 8시에 A&E[Accident and Emergency]에 왔다. 누군가 다가와서 마스크를 씌운 다음 타인과 접촉하지 않

> 도록 뒤 통로를 통해 다른 진료실로 나를 데려갔다. 나는 5시간 동안 그곳에 머물렀다. 그들은 그동안 혈액검사, 청진기 진단, 체온, 혈압, 산소포화도 등을 측정하고 흉부 엑스레이를 찍었다. 방사선 전문의가 그 상태를 검토했지만, 담당의는 자료를 종합해 판정했다.……그는 세균성 폐렴 기미가 있으나 항생제를 소지하고 집에서 가료할 상태라고 판정했다.

그는 작년에 독일에서 연구를 했다. 독일 같으면 이러지는 않았을 것이라고 덧붙인다. 마지막으로 이렇게 끝맺고 있다.

> 지난 30년간 낸 세금에 비해, 나는 NHS 도움을 받은 적이 없고, 다만 지난 가을 독감 주사를 맞았지만, 결국 코비드-19 검사를 받지 못했다! 그들은 나에게 너무 아프다고 판단해야만 병원에 입원할 수 있다고 말했다. 그의 결론은 이렇다. "케임브리지셔의 코비드19 감염율은 매우 낮은데, 이는 심각하게 과소평가된 것이고, 그 수치는 감염자가 아니라 심각한 질병을 가진 사람들의 수치만을 보여줄 뿐이다."

나도 가끔 영국에 체류하면서 영국 의료제도의 난맥상을 경험한 적이 있다. 그러면서도 그 시절에는 의료 분야의 지나친 경쟁과 과잉 진료를 막는 합리적인 점도 있다고 생각했다. 영국 의료체계는 사소한 병세의 진단 치료 및 상담과 그 이상의 증후군으로 진단된 환자를 상급의료기관으로 넘기는 가정의general practioner와 2차 의료기관으로 나뉘어 운영된다. 이들 모두 NHS 관할하에 있다. 나는 한국의 과잉 진료를 비판적으로 바라보았기 때문에 영국의 제도가 오히려 과잉 진료를 막고, 꼭 필요한 사람에게만 의료 서비스를 집중하는 효율적인 제도라고 생각하기도 했다. 그러나 세 차례 가정의GP에 들를 기회가 있었는데, 우선 통증을 가라앉히거나 최소한의 치료가 필요한 데에도 약을 처방해주지 않았다. 세 차례 만난 의사가 공통으로 무척 나태하다는 인상을 받았던 기억이 있다.

물론 중환자로 응급실에 실려 가거나 위중한 질환 때문에 상급병원 진료와 치료를 받은 한국 교민 가운데 무상 의료체계의 도움을 받은 사람도 있다. 아마 미국 같으면 상상조차 할 수 없는 치료비로 파산할 수밖에 없었을 것이다. 그러나 대부분의 경우 영국 의료 시스템의 비효율성에 실망한다. 몇 년 전 예일대학의 한 교수가 옥스퍼드대학으로 자리를 옮겼다. 그는 1년 후에 다시 미국에 돌아가기로 했는데 그 이유는 중학생인 아들의 치료를 둘러싼 실망 때문이었다. 그의 아들은 축구 경기를 하다가 다리를 다쳤다. 미국 같으면 간단하게 진료하고 치료할 수 있었을 그 부상을 결국 제대로 치료받지 못해 아들이 불구가 되었다는 것이다. 이런 내용의 글을 어느 신문에 투고했다는 말을 들었다.

윌리엄 글래드스턴에 대한 회상

오늘 아침 존슨 영국 총리가 위중하다는 뉴스를 접한다. 이전에 그가 코로나에 감염되었다는 소식을 듣고 상당히 냉소적인 생각을 한 적이 있다. 아니 총리라는 자가 먼저 확진자가 되었다? 말하자면, 코로나를 대하는 유럽인들의 안이한 자세를 단적으로 보여주는 사례였다. 미안한 마음이 든다. 그의 쾌차를 진심으로 기원한다. 그러면서도 위기의 시대에 정치가의 덕목이 가장 중요하다는 것을 절감한다. 영국에도 위대한 정치가가 많다. 19세기 자유당 정치가 글래드스턴이야말로 그 전형이라 할 것이다. 우리나라도 지금 선거를 치르고 있지만, 나는 무엇보다도 공적 헌신에 투철하고 도덕적인 정치가들의 활동을 대망한다.

굳이 이름을 밝히지는 않겠지만, 절친한 동업자 중에 윌리엄 글래드스턴 전문가가 있다. 그는 오랫동안 글래드스턴의 삶과 정치와 사상을 연구해왔다. 그와 관련된 몇 권의 책을 냈다. 그러니까 수십 년간 끈질기게 영국 정치가 글래드스턴만을 연구해온 셈이다.

네 차례나 총리를 역임한 글래드스턴은 영국인이 가장 존경하는 정치가 가운데 한 사람으로 꼽힌다. 그는 현실 정치의 장에서 보수적인 영국 사회를 개혁하려고 노력한 이상주의자였다. 19세기 후반 자유당은 그의 개혁노선에 힘입어 노동자계급에까지 지지 기반을 넓혔다. 이런 점을 고려하면, 글래드스턴은 한 연구자가 일생에 걸쳐 파고들만한 매력적인 인물이다. 물론 나는 정치사에 별다른 관심이 없기 때문에 어떤 정치적 인물을 키워드로 삼아 오랫동안 한 시대를 연구하는 방식을 좋아하지 않는다.

언젠가 그 동업자와 맥주를 마시면서 왜 그렇게 글래드스턴에 집착하는가 물었다. 그는 정치와 사회를 바라보는 시각이 상당히 보수적이다. 이와 달리, 19세기 후반의 시점에서 글래드스턴은 매우 개혁적이고 진보적인 인물이었다. 그 친구의 성향과 조금 다른 듯해서 질문을 던진 것이다.

한동안 맥주를 마시던 그는 자신만의 내밀한 경험을 털어놓기 시작했다. 1980년 그는 석사를 마치고 미국 유학을 준비하고 있었다. 광주 5월항쟁이 일어날 무렵 그는 광주 고향집에 잠깐 내려왔다. 사태가 발생한 후 며칠간 광주는 완전히 고립되었다. 젊은이들이 밖으로 나가는 것도 위험한 상황이었다. 이제 서울에 올라가야 했기 때문에 그는 새벽에 근처 샛길을 잘 아는 이웃집 사람의 안내를 받아 집을 떠났다. 어머니가 옆집 주인에게 길 안내를 간절하게 부탁했다고 한다. 산과 시내를 건너 몇 십리를 걸어간 끝에 그는 광주를 벗어났다. 그야말로 광주를 탈출한 것이다. 그 후 그는 미국으로 떠났다.

학위 과정을 다니면서 그는 김대중 씨의 사형 판결과 옥중 시련 소식을 들었다. 김대중 씨 이름을 들먹이는 것도 쉽지 않은 시절이었다. 아마 그는 김대중 씨를 직접 만난 적도 또 그에게 열광한 적도 없었을 것이다. 그럼에도 그 이름이 그의 내면에 새겨져 깊은 흔적을 남겼던 것 같다. 19세기 영국 정치사를 공부하면서 그는 자연스럽게 글래드스턴을 만났다. 미친 듯이 그의 정치와 사상에 파고들었다. 이런 사정을 내게 말하면서 그는 나직이 한숨을 내쉬었다. 그가 파고든 글래드스턴은 어쩌면 김대중의 이미지가 투영된 존재였다는 것이다. 그 친구도 나도 숙연해졌다.

아, 그 친구는 광주에서 도망쳐 나왔다는 그 부끄러움과 부채의식에 오랫동안 괴로워했던 것이다. 광주항쟁은 이른바 '김대중 내란사건'이 발단이 된 비극이다. 유학 기간에 그는 김대중과 관련된 그 부끄러움을 털어버리려다 글래드스턴을 발견해 그 인물에 탐닉했을 것이다.

나는 왜 그 친구가 글래드스턴에 집착했는지 그 이유를 이해한다. 1980년대 내 또래의 사람들은 저마다 얼마간의 부채의식과 부끄러움을 간직하고 살았다. 겉으로 내색을 하지 않았지만, 그 친구도 미국 생활에서 그런 부끄러움을 삭이며 공부했던 것이다. 그 이야기를 나눈 때가 김대중 씨 대통령 당선 전이었는지 후였는지 자세히 기억나지 않는다.

그 후 나도 틈틈이 글래드스턴에 관한 기록을 살피곤 했다. 《영국, 제국의 초상》(2009) 서장과 1장에서 영국 정치를 언급하면서 글래드스턴을 피상적으로 다루기도 했다. 그러나 내가 글래드스턴을 높이 평가하는 까닭은 그의 정치적 능력보다는 내면 신앙과 도덕적인 삶 때문이다. 그는 청년시절부터 죽을 때까지 일기를 썼다. 그의 일기는 오랫동안 역사가들의 관심을 끌었지만, 정작 전집으로 출판된 것은 1970년대 초의 일이다. 그의 유족들이 간행을 반대해서 늦어졌다고 한다.

후손은 왜 출판을 꺼렸을까? 간단한 메모와 단편적인 기술로만 이어진 일기 곳곳에는 '엑스x'라고 표기된 사람들과의 만남이 적혀 있다. 놀랍게도 그 '엑스'는 모두 사창가의 여인들이었다. 글래드스턴의 후손들은 위대한 인물이 오명을 뒤집어쓸까 두려워 감히 출판을 생각하지 못했던 것 같다.

일기를 들춰본 사람은 오히려 그 내용에 놀란다. 총리를 지내면서도 글래드스턴은 저녁 무렵에 평복 차림을 하고서 사창가를 배회했다. 그는 신분을 숨긴 채 버림받고 자학에 빠진 사람들과 대화를 나누었다. 그는 거리의 여인들과 만나, 자신의 도덕적 열정으로 그들을 교화하고 설득하려고 했다. 여인이 새로운 삶을 찾기로 약속한 날의 일기에는 신에 대한 감사와 인간에의 신뢰를 언급한다. 없는 날의 기록은 회한만 가득할 뿐이다.

글래드스턴은 부유한 가문 출신의 엘리트였지만, 가난하고 비천

한 사람들에 대한 연민의 감정을 버리지 않았다. 비록 가난하더라도 그들이 고귀한 인격을 가지고 삶을 영위할 수 있기를 원했다. 그의 이상주의는 때로는 현실 정치와 맞지 않았고, 그 때문에 여러 번 정치적 좌절을 겪기도 했다. 그럼에도 그는 좌절 때문에 자신의 원칙을 굽힌 적이 없었다.

오늘날의 현실 정치에서 글래드스턴과 같은 이상주의자를 찾을 수는 없다. 그와 같은 사람을 기다리는 것 자체가 몽상일지도 모른다. 그래도 이상과 원칙을 지키면서 현실 정치를 풀어가는 그런 정치가를 대망하는 것은 유권자로서 당연한 권리라는 생각도 든다.

의료보험이 박정희시대의 유산?

며칠 전 어느 야당 인사가, 한국 의료보험체계를 처음 도입한 것은 박정희라고 열변을 토했다. 코로나 방역 성공도 결국 그에 힘입었다는 것이다. 1960년대 초에 의료보험법을 제정한 것은 맞다. 그러나 대체로 선언적인 수준에 지나지 않았고, 아마 내 기억으로는 노태우 정부 때 직장별 의료보험조합 결성을 장려했고 김대중 정부에 이르러 지금과 같은 체계가 확립되었던 것 같다. 현재 의료보험은 역대 정부가 시행착오를 겪으면서 점진적으로 발전시킨 것이다.

선거 국면에서 오늘날 우리나라의 성취를 박정희와 연결시키려는 야당의 시도를 이해한다. 코로나 정국에서 문재인 대통령 지지도가 갈수록 높아지니까 어떻게든지 이를 희석하려는 몸부림이다. 박정희의 유산으로 치면 주민등록제도를 빼놓을 수 없다. 현재 질병관리본부가 지자체와 함께 주도하고 있는 코로나 방역은 선제적이고 신속한 검진, 확진자 격리, 그 주변 접촉자 추적 및 검진, 확진자 이동경로 공지 등 다양한 아이디어를 첨단의료기술과 정보통신기술에 접목 시행함으로써 세계의 주목을 받고 있다. 특히 주변 접촉자 추적과 이동경로 확인 및 공지에서 주민등록제도가 중요한 기본 정보로 작동한다. 다른 나라에서는 전국민을 단일한 관리체계로 분류 관리하는 경우가 드물다. 겉으로 보면, 박정희의 유산이 오늘날 한국 사회의 성공적인 방역과 관련된다는 주장도 허언虛言은 아니다.

그러나 다시 생각해보자. 한국의 방역 조치를 극찬하는 서구 언론이 선뜻 긍정적으로만 바라보지 않는 것이 개인 프라이버시 침해 위험이다. 그런 위험이 상존하기에 실제로 서구 각국에서는 이런 정보를 추출하기가 사실상 어렵다.

그렇다면 주민등록제도가 있어서 이번 코로나 창궐기에 이만큼의 방역이 가능했다고 이야기할 수 있을까. 사실 이런 제도는 한편으로는 행정의 효율성을 추구하면서도, 다른 한편으로 국민 감시체제에 악용될 수 있는 동전의 양면과 같다. 문재인 정부가 집권 이래 지속적으로 힘써온 것이 국민 감시체제의 유산을 해체하고 일소하는 것이었다. 국가정보원, 보안사의 국내 사찰 기능을 없앴고, 그 밖에도 여러 권력기관에 남아 있는 권위주의시대의 잔재를 하나하나 지워갔다. 이 점에 대해서는 국민 대부분이 인정한다.

한국인이 자칫하면 개인 자유와 프라이버시를 침해할지도 모르는 국가 주도의 방역 조치들에 적극 호응하는 것은 서구 언론이 바라보는 것처럼, 이전 권위주의시대에 익숙한 관행 때문이 아니다. 오히려 국민은 현 정부가 바로 철저하게 감시체제를 해체했다는 것을 인정한다. 감시체제로 회귀하지 않으리라는 믿음이 있기 때문에 정부의 다양한 방역정책에 적극 호응하는 것이다. 오히려 현재까지도 사적 목적의 감시체제로 이용될 위험을 가진 것이 바로 언론과 검찰권력 아닌가. 이야말로 권위주의시대의 낡은 유산이다.

19세기 영국 노동자들의 독학 풍경

1980년 이래 민정당, 신한국당, 한나라당, 새누리당, 자유한국당으로 이어지는 보수정당의 집권자들, 특히 전두환·이명박·박근혜를 보면 공통된 특징이 있다. 그들은 권위주의에 익숙했을지는 모르겠지만, 인간과 세계에 호기심을 갖고 끊임없이 자기함양self-enhancement의 길을 걷는 교양인의 이미지와 너무 동떨어져 있다는 점이다.

김영삼 대통령은 머리는 빌릴 수 있지만 건강은 빌릴 수 없다고까지 말했다. 그렇다 하더라도 오늘날 정치가들이 현대 사회의 제반 문제와 씨름하려면 우선 인간과 사회와 세계를 자기 나름으로 이해할 수 있는 능력을 갖춰야 한다. 전문가적 식견을 요구하지는 않겠지만 말이다. 반면, 김대중, 노무현, 문재인으로 이어지는 민주당 지도자들은 어쨌든 독서와 대화를 통해 세계를 그 나름으로 이해하려는 자기함양의 길을 걸었던 것으로 보인다.

일찍이 나는 19세기 영국 노동자 사회의 중요한 특징의 하나로

'자기함양'을 언급한 적이 있다. 이런 자기함양 또는 독학의 전통은 특히 상호향상회mutual improvement society와 같은 야학 모임에서 분명하게 드러난다. 소수의 회원들이 집을 돌아가며 같이 만나서 학습하는 이런 모임은 전국 어디서나 목격할 수 있었다. 향상회원들은 몇 가지 간단한 규칙과 수업 프로그램을 만들어 강독하고 토론하며 읽기, 쓰기 및 셈하기와 같은 초보적인 지식에서부터 더 높은 수준의 지식에 이르기까지 다양한 방식으로 학습했다. 새뮤얼 스마일스는 이런 모임을 가리켜 "우리시대의 교육적 감리교도"라 불렀다. 이런 형태의 학습 모임이 실제로 그의 《자조론》의 집필 동기가 되었던 것이다.

19세기 영국 노동자들의 자서전에는 한결같이 젊은 시절 독학의 유형이 나타난다. 상호향상회나 또 다른 형태의 교육적 자조운동을 통해 초보적인 단계의 지식을 습득하고 나면, 그다음에는 몇몇 동료들과 함께 또는 혼자 힘으로 신학이며 수학이며 어학의 영역으로 뛰어드는 예가 많았다. 철학·신학·과학·정치경제학의 어려운 고전들과 씨름해서 결국 독파해낸 많은 일화들은 19세기 노동자계급의 일부가 지닌 지적 자질을 말해준다. 스마일스 역시 독학의 철저함과 정확성을 주문하면서, "최고의 수양은 학교 다닐 때에 선생으로부터 얻는 것이 아니라 성장한 후 자신의 부지런한 독학을 통해서 얻을 수 있다"고 말하지 않았던가.

윌리엄 카버트William Cobbett, 새뮤얼 뱀퍼드Samuel Bamford, 윌

리엄 러버트William Lobbett, 토머스 쿠퍼Thomas Cooper, 조셉 바커 Joseph Barker 등의 이름은 독학으로 자신의 지적 세계를 넓힌 노동자의 전형으로 오랫동안 대중의 기억 속에 남아 있었다. 이들은 모두 특정 분야나 또는 여러 분야에 걸쳐 박식함을 드러냈다. 독학의 전통은 요크셔 지방에서 특히 강했다. 에드워드 톰슨은 《영국 노동계급의 형성》에서 특히 요크셔 지방의 이런 전통을 상세하게 소개하기도 한다.

독학한 사람들 일부는 자신의 기존 생활에 만족하지 못하고 저널리즘이나 감리교 목사와 같은 새로운 분야로 진출했다. 그러나 또 다른 일부는 여전히 자신의 직종을 고집했다. 예를 들어 새뮤얼 깁슨Samuel Gibson은 지질학 연구자로서 새로운 화석을 발견할 만큼 전문성을 보여주었지만, 그럼에도 그는 양철공이란 자기 직업에 충실했다. 퍼스티언 재킷을 입고 다니며 지질학, 천문학, 기타 여러 주제들에 관해서 굉장한 지식을 보여주는 노동자들은 어디서나 찾아볼 수 있었다. 편직공-시인과 제화공-철학자, 그리고 노동자-박물학자에 해당하는 사람들은 노동자들 나름의 독자적인 자조의 전통을 보여준다.

1990년대 노동사에 심취해 있던 시절, 나는 지적 성취를 거둔 몇몇 노동자들의 자서전을 정독해 그들의 집단의식을 추적해 재구성하려는 계획을 가졌지만, 그런 작업을 계속할 수 없었다. 오랫동안 아쉽게 생각했다. 그런데 지금 마음을 다잡고 이들 가운데 몇 사람의 자서전을 뒤적일 생각을 품고 있다.

오는 6월 영국사학회가 주최하는 전국학술대회 주제가 '아동'이다. 학회에서 기조발표를 요청했는데, 내가 옛날 공장법 문제를 연구하면서 아동노동에 관한 논문들을 발표했기 때문일 것이다. 이 기회에 오히려 19세기 자기함양의 길을 걸었던 몇몇 사람들의 자서전에서 그들의 유년시절 회고를 살피는 것이 어떨까 생각했다. 처음에는 광주에서 책들을 옮겨오면서 이들 자서전을 버리지 않았을까 걱정했다. 그래도 토머스 쿠퍼, 찰스 쇼, 새뮤얼 뱀퍼드, 조지프 아크의 자서전을 찾을 수 있었다. 이 가운데 두 권은 수십 년 전에 영국 도서관에서 복사한 후에 제본한 것이다. 글씨가 흐릿하게 보인다. 어쨌든 젊은 시절의 계획을 지금 이 나이에 다시 한번 시도한다는 게 기분 좋다.

3

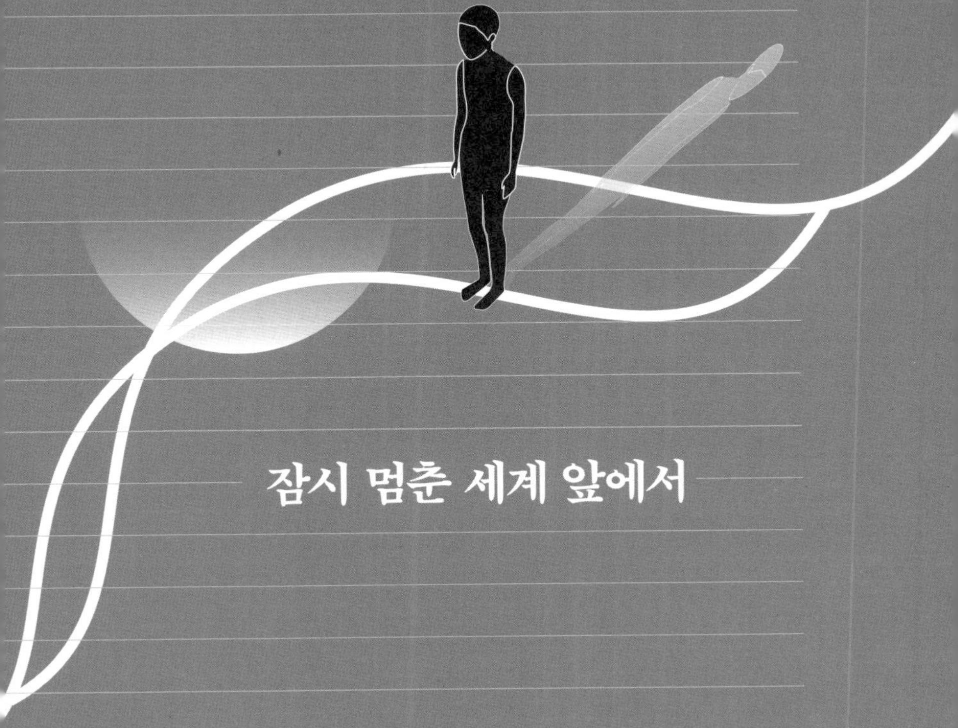

잠시 멈춘 세계 앞에서

위태로운 '인류세', 위협받는 '세계화' 01

근대 문명의 두 얼굴을 다시 생각한다

16세기까지 인간의 삶에 대한 전제적인 억압자는 자연이었다. 사람들은 기후, 풍토, 식생, 지형의 특성에 적응할 수 있도록 삶의 방식을 만들어나갔고, 이에 적응하지 못하거나 또는 자연의 변화를 따라가지 못했을 때는 언제나 자연의 폭압적인 위협 아래 재앙을 당하고 움츠러들었다.

인간과 자연의 관계에서 자연의 일방적인 우세가 변하기 시작한 것은 17세기 이후의 일이다. 그것도 주로 서유럽에서 먼저 시작되었다. 이때부터 자연은 인간에 대한 폭압자라기보다는 인간이 이용할 수 있는 대상이 되었다. 인간은 자연의 특성을 잘 이해함으로써 그 자연을 인간의 삶에 맞도록 변형시켰다. 17세기 사상가 프랜시스 베이컨은 이렇게 말했다. "지식과 힘은 하나다. 자연을 지배하려면 그 자연에 가까이 다가서야 한다." 여기에서 지식은 자연에 관한 인간의 이해다. 그 이해(지식)를 가지려면 자연에 가까이 다가서서 관찰해야 한다. 이 유명한 언명은 바로 17세기 '과학혁명'의 출발을 알리는 신호탄이었다.

과학혁명의 초창기에 '과학science'이라는 말은 일반적으로 지식에 접근하는 방법론의 의미가 강했다. 즉 과학은 분야에 관계없이 '체계화된 지식systematized knowledge'을 뜻했다. 그러던 것이 18세기에 들어와서 자연에 관한 지식체계를 뜻하게 되었다. 프랜시스 베이컨의 언명은 18세기 이후 과학지식의 증가와 함께 현실적인 것이 되었다. 자연을 이용하고 활용하고 이를 통해 인간의 삶의 질을 향상시키려는 노력이 근대화 또는 산업화라는 이름으로 처음에는 서유럽에서 그리고 20세기에 들어와서는 전 세계에 확산되기 시작했다. 그러나 자연의 이용이라는 말이 사실상 자연의 수탈과 동의어라는 것을 사람들이 인식하게 된 것은 20세기 후반의 일이다.

오늘날에는 인간의 폭압 때문에 자연이 비명을 지르고 있다. 로마클럽 보고서 《성장의 한계》가 작성된 것이 1972년이다. 이렇게 보면 근대 문명이 계속될 경우 인간의 삶의 터전인 자연 자체가 붕괴되고 폐허가 되리라는 경고음이 나타난 지 이제 반세기에 가까워졌다. 생태ecology와 환경environment이라는 말이 일상에서 널리 쓰이기 시작한 것도 그 이후의 일이다.

돌이켜보면, 19세기 사람들의 자연 인식에 획기적인 변화를 가져온 과학은 지질학이었다. 심지어 노동자들 가운데서도 새로운 화석을 발견하고 지층을 탐사하는 아마추어 연구자들이 나타날 정도였다. 다윈의 진화론은 그 지질학의 시대를 한층 더 풍요롭게 만든 지식체계였다. 19세기야말로 진정한 '지질학의 세기'였던 것이다. 지질학의 시대구분은 잘 알려져 있다. 우리가 살고 있는 이 시대는 신생대 제4기 충적세沖積世에 해당한다. 지질시대의 구분은 주로 지층 탐사 결과에 토대를 둔다. 지각 변동과 자연환경의 변화는 지층에 그 흔적을 남기며, 지질학자들은 그 흔적에 나타난 대변화를 기준으로 지구의 시대를 구분해왔다. 지금까지 그 모든 지각의 변화는 자연 자체에 의해 이루어졌다.

그러나 인간의 활동에 따른 자연 파괴가 일상적으로 진행되면서, 최근 지질학자들은 이전에 자연적 원인에 기준을 둔 지질시대에 새로운 기준을 첨가해야 할 시점에 이르렀다고 주장한다. 새로운 지질시대는 '인류세人類世Anthropocene'로 불린다. 이 이름은 자연의 새로운 변화 원인이 자연이 아닌 인간에게서 나왔다는 인식에서 비롯한다. '인류세'라는 이름 자체가 미래의 비극을 암시한다. 만일 수만 년 후에도 인류가 생존하고 또 지질학이라는 학문 분야가 존속한다면, 그 미래의 지질학자는 '인류세'에 해당하는 지층이 이전 것과 근본적으로 다르다는 사실을 알게 될 것이다. 지층에 남은 흔적 하나 하나가 자연보다는 인간의 작용에 따른 변화를 보여주기 때문이다.

'인류세'의 도래는 현재를 살고 있는 우리들도 인식할 수 있다.

이제 지구는 더이상 옛날의 방식으로 운행하고 변화하지 않는다. 대기와 기후와 생태계, 그 모두가 이전과 전혀 다른 방식으로 바뀌고 있다. 근대 문명의 영향 때문이다. 비관론자들은 이 '인류세'가 지구상에서 가장 심각한 생물 멸종기로 기록될지 모른다고 경고한다. 인류에게 물질적 풍요를 안겨주었으면서도·다른 한편으로 생물종의 위기를 가져온 근대 문명의 두 얼굴을 다시 생각한다.

생물 멸종의 위험을 경고하는 목소리는 여기저기서 쏟아지지만, 그 위험을 넘기 위한 구체적인 방법은 아직도 여전히 모색 중일 뿐이다. 더욱이 포퓰리즘에 편승한 정치가들이 등장하면서 지구환경과 생태위기 해결이라는 전망은 더욱더 멀어졌다. 기후협약의 초석을 놓았던 미국은 트럼프 대통령의 신정책에 의해 오히려 기후협약을 탈퇴했다. 오늘날 공룡에 대한 관심이 세계적으로 높은 것도 아마 이 종種의 묵시록적 운명에서 인류 문명의 미래에 대한 불안감을 느꼈기 때문일 것이다.

어둠을 비추는 희미한 빛

어제 올린 글에서 이렇게 썼다. “방역 당국의 노고야 두말할 필요도 없고 우리나라 방역수준도 매우 뛰어나지만 전염병 창궐기에 모든 것을 막을 수는 없다. 그래도 조심스럽게 낙관적인 전망을 내리는 것은 우리 사회 전체적으로 개인위생에 대한 경각심이 상당히 높아졌기 때문이다.”

하루 만에 그 말을 번복해야겠다. 사회 전체가 신경을 곤두세우고 긴장하고 있는 그 순간에 이 광신적인 사람들이 예배당에서 수천 명이 참가하는 대형 집회를 열었으니 할 말이 없다. 바이러스도 기도로 물리칠 수 있다고 생각했거나 그렇지 않으면 방역위생에 관한 상식도 전혀 없었다는 말이 된다. 엄청난 사건이 터진 뒤에도 조직을 위한 차원인지 모든 것을 은폐하려고 하고 있다. 참석자의 정확한 파악이 그나마 더이상의 확산을 막는 긴급한 사안인데 9천 명 집회인원 가운데 절반가량만 명단을 입수했다는 것이다. 신천지교회 측은 하나도 숨기지 말고 집회 참석자들의 인명록을 밝혀야 한다.

그나저나 이만희라는 사람의 성명을 뉴스에서 보고 할 말이 없다. 집단감염이 마귀의 장난이라니. 대명천지大明天地에 이런 집단이 활개치고 다닌다. 기독교에서는 이단이라고 하지만 태생이 기독교다. 오십보백보다. 샤론의 꽃이 무궁화라고 말하는 목사나, 중국의 코로나 바이러스 창궐을 공산주의에 대한 징벌이라고 떠들어대는 목사나, 이스라엘 기를 흔드는 자나, 전국 지방을 구약의 12지파로 나눠 때만 오기를 기다리는 사람들이나 다 비슷한 과대망상증 환자 아닌가. 칸트의 언명대로, 우리는 아직 계몽된 사회에 살고 있지 않다.

이제 오전, 오후 확진자 보도 뉴스를 보는 것마저 두려움이 앞선다. 사회적 패닉을 우려하는 분도 있겠지만, 오히려 감염원이 지금이라도 상당 부분 파악되었다는 사실이 중요하다. 지금껏 보아온 대로, 질병관리본부의 방역 시스템이나 임기응변, 헌신적인 노력 등은 나무랄 데 없다. 국민 대부분이 촉각을 곤두세우고 개인위생에 주의를 기울이고 있으니, 오히려 감염원의 경로를 신속하게 파악해 선제조치를 취함으로써 지역감염의 위협을 최소화할 수 있다고 생각한다. 솔직하게 지역감염 위험을 인정한 질병관리본부의 겸허한 태도에서 오히려 희망을 본다. 중국 자체에서 자국민의 해외여행을 억제하고 있는데, 지금 와서 중국인 전면 입국 금지를 하라는 야당의 요구는 실효성이 없다. 오히려 대구·경북 지역 중국 유학생이 신학기 개강을 맞아 입국을 보류하는 일이 잦다고 하지 않는가.

질병관리본부 근무자들, 방역 일선에서 헌신하는 각 지자체 공무원, 의료계 종사자들을 성원하고 그들의 고투에 감사하고 동감하는 일이 급선무다. 그리고 우선 시민 개개인이 조심해야 한다. 꼭 필요하고 긴급한 일이 아니면 다수 사람들이 모이는 집회에 스스로 참가를 자제해야 한다. 종교 행사도 마찬가지다. 그러나 그 선택은 그 개인 고유의 권한이다.

코로나 바이러스가 이전에 비해 어떻게 진화했는지 상세히 알려지지 않았다. 그러나 지금 떠도는 이야기만 들어보아도 이전에 비해 더 인간을 속일 수 있는 방향으로 변이한 것이 틀림없다. 일단 증세 없는 잠복기가 길어지고, 증세 없는 그 감염 초기에 전파 확산될 가능성이 높아졌다는 것이다. 인류와 바이러스의 끝없는 전쟁, 현대 의학의 발전이라는 도전에 맞서 근래는 바이러스가 오히려 한발 앞서 진화하는 것 같다.

참고로 자료를 찾아보니, 코로나 바이러스 이름에 붙은 라틴어 corona는 왕관이나 후광을 뜻한다. 전자현미경 영상으로는 이 바이러스가 왕관이나 태양 코로나를 연상시키는 이미지를 만들어내는 데서 이런 별칭이 붙은 모양이다. 사스와 메르스 모두 이 바이러스 변종이라고 하는데, 자료를 보면 2010년대에 발생빈도가 높아졌다. 2012, 2015, 2018, 2020년. 간헐적이라고 할 수 없을 정도로 계속 창궐하고 있다.

'거리의 소멸'에 대한 회상

지구화 또는 세계화라는 말이 화두가 된 지 이미 30여 년이 흘렀다. 그것은 신자유주의, 세계무역기구WTO, 정보통신혁명, 디지털문명의 도래와 함께 우리의 삶에 직접적인 영향을 미치기 시작했다. 그러나 순경제적 의미의 세계화란 상품, 노동, 자본시장이 세계적 규모로 확대되고, 이 시장이 서비스, 지식, 정보, 문화 일반의 교환 및 교류까지 그 영역을 확장하는 경향을 일컫는다. 이러한 경향은 사실 근래에 나타났다기보다 19세기 말 영국의 주도 아래 먼저 시작되었다고 보는 것이 타당하다.

영국 역사가들이 특히 이 점을 강조한다. 1880~1914년 사이에 영국의 제국 경영 확대와 함께 상품, 노동, 자본의 국제 이동이 가속되었다. 이러한 경향은 1, 2차 세계대전과 1930년대 경제공황 때문에 쇠퇴했다. 1944년 브레튼우즈Bretton Woods 회의 이래 미국 주도의 세계무역이 되살아났지만, 그 수준은 19세기 말의 국제화를 능가하지 못했다. 그러다 동유럽 사회주의권의 붕괴 이후 세계화를 향한 공간적 확대가 가능해졌을 때, 마침 디지털혁명 및 물류혁명의 전개와 함께 세계화가 급속하게 이루어졌다는 것이다. 이 몇 가지 계기들이 중첩되었다는 해석이 그럴듯하다.

흔히 컴퓨터, 인터넷, 스마트폰으로 대표되는 디지털혁명에 뒤이어 빅데이터, 사물인터넷, 인공지능, 휴먼로봇, 공정 전자동화 등 4차 산업혁명으로 불리는 일련의 기술혁신에 따른 사회적 격변에 정신을 차릴 수 없을 만큼 적응하기 힘들지만, 어쨌든 이런 거대한 변화에 교육이 대응하지 못하고 있다는 것은 분명하다.

몇 년 전 《제국의 기억, 제국의 유산》 집필을 위해 관련 자료를 정리하면서 나는 1880년대 영국의 몇몇 지식인들의 저술을 꼼꼼하게 읽어나갔다. 1880년대 영제국 경영의 실제를 살피던 그들은 스스로 '세계화'라는 표현을 쓰지는 않았지만 대양과 6개 대륙을 연결하는 네트워크를 통한 국제교류, 상품·자본·노동 이동의 활성화라는 새로운 시대적 추세를 느끼고 있었다. 그들은 이러한 변화를 영국의 제국 경영이라는 맥락에서 바라보았기 때문에 '대영국Greater Britain'이라는 말로 대신했다.

흔히 인터넷의 사용을 두고 '거리의 소멸'이라는 표현을 쓰기도 한다. 터의 소멸, 공간과 시간의 단축도 같은 맥락에서 사용된다. 그런데 몇 년 전 존 실리John Seeley라는 19세기 영국 역사가의 책을 읽다가 상당히 놀랐다. 어쩌면 깊은 충격을 받았다고 해야 옳다.

《잉글랜드의 확장*The Expansion of England*》(1883)에서 실리는 브리튼섬과 아메리카, 아프리카, 아시아, 대양주에 걸쳐 전 세계에 흩어져 있는 '백인 자치령'을 결속할 물적 기반이 다가왔다고 단언한다. 지금까지 영국의 자치령은 전 세계에 산재한 비효율적인 영토였다. 19세기 철도의 시대에 접어들면서 해운 활동에 근거한 영국의 이점은 위축되는 대신, 준 대륙국가인 미국과 러시아가 등장했다. 그러나 증기선, 전신, 전기 등 새로운 기술혁신과 더불어 이제 영국을 중심으로 하는 해상네트워크가 이전보다 훨씬 더 강화될 수 있는 기술적 조건이 무르익었다는 것이다. 이어서 실리는 다음과 같이 갈파한다.

> 인도를 고려 대상에서 제외한다면, 우리는 하나의 제국이 될 수 있다. 증기와 전기의 시대 이전에 여기저기 흩어져 있어서 인종과 종교의 강력하고도 자연스러운 결합이 실제로는 거리 때문에 해체될 그런 국가가 이제는 아니다. '거리가 과학에 의해 소멸되고abolition of distance by science', 그다음에 광대한 지역에 걸친 정치적 연합의 가능성이 미국과 러시아의 사례에서 입증되자마자, 이제 곧 '대영국Greater Britain'이 출범하는 것이다.

근대 과학이 여기저기 흩어진 영토의 결합을 공고하게 만든다. 이제 원거리는 증기력과 전신과 전기로 상쇄된다. '거리의 소멸abolition of distance'이 가시화된 것이다. 이 추세에 관해 실리는 다음과 같이 말한다. "과학은 정치조직에 증기력을 이용하는 새로운 유통망과, 그리고 전기라고 하는 새로운 신경체계를 제공했다. 이 새로운 조건 때문에 자치령 문제 전반을 다시 성찰할 필요가 있다. 우선 '대영국'이라고 하는 옛 유토피아를 실제 현실로 만들 수 있게 되었다."

실제로 실리가 활동하던 시대에 영국은 해외자치령과 속령을 신속하게 연결하는 해상네트워크는 물론, 해저전신망을 갖췄다. 1890년대까지 전 세계를 잇는 해저전신망이 완성되었는데 그 전신망의 90퍼센트는 영국 회사와 자본에 의해 부설되었다. 지금도 남해 거문도에는 상하이로 연결되는 해저전신망의 흔적이 남아 있다. 영국 해군이 거문도 점령 당시 가설한 것이다.

어쨌든 실리는 전신과 증기선으로 연결되는 새로운 세계적 규모의 네트워크와 그리고 그 네트워크의 허브에 해당하는 영국의 역할을 '세계의 베네치아world-Venice'라는 말로 표현한다. 그의 영국 중심주의와 애국적 언설을 삭제하면, 어쩌면 21세기 초 지구화시대를 미리 본 것deja vu같지 않은가?

02 '느림의 문명'을 기다리며

석탄의 역설

영국은 석탄에 힘입어 산업화에 성공했다. 사실 18세기 시장의 확대에 따라 상품 공급의 압박을 받는 지역은 서유럽 이외에도 중국, 이슬람, 인도, 자바, 일본 등이 있었다. 다른 지역에서는 시장 확대에 대처하기 위해 새로운 노동 윤리를 보급하고 노동 투입을 늘렸다. 역사가들은 이를 '근면혁명'이라고 부른다.

그러나 영국은 이러한 길로 나아가기에는 인구가 풍부하지 않았다. 그들은 석탄에서 얻은 증기력으로 기계를 돌리는 새로운 방식을 개척했다. 그 후 화석연료에서 동력을 얻는 이 방식이 근대 산업문명의 표준으로 자리 잡았다. 그 당시 증기력과 기계를 연결하는 것은 매우 험난하고 어려운 길이었다. 영국인이 이 어려운 길을 탐사한 것은 별다른 대안이 없었기 때문이다.

여기에서 석탄의 역설이 시작된다. 한 사회가 나무와 목재를 생활연료로 사용한다고 가정하자. 그럴 경우 그 사회의 재생산을 위해서는 일정한 면적 이상의 숲을 보존하지 않으면 안 된다. 숲에서 나오는 부스러기와 폐목과 나뭇가지와 잎들을 가지고 생활연료로 사용할 수 있기 때문이다.

석탄을 사용하면 일정한 면적의 숲을 보존할 필요가 없다. 이미 영국인들은 16세기 이래 석탄을 사용하면서 울창한 숲을 베고 초지와 농경지로 만들었다. 18세기에는 당연히 그 추세가 가속되었다. 오늘날 영국, 특히 잉글랜드는 유럽 국가 중에서 숲이 가장 부족한 나라로 손꼽힌다. 녹색의 전원적인 풍경도 푸른 초지와, 그리고 인클로저 이후 경계를 나타내기 위해 심은 나무들의 행렬이 보여주는 착시 현상일 뿐이다.

물론 브리튼섬이라고 해도 지역에 따라 차이가 있다. 몇 년 전 여름 웨일스 중부 지역을 돌면서 생각 이상으로 숲이 울창하다는 인상을 받았다. 부지런한 웨일스 농민들이 20세기 초부터 식목에 관심을 기울이고 숲을 육성한 결과라는 것이다. 이 말은 헤이온와이 헌책방 마을을 조성한 리처드 부스에게 들었다. 그가 작년에 세상을 떠났다는 소식을 들었다. 원래 그와 안면이 있었는데, 몇 년 전 제2회 파주 책축제에 참가했다가 광주에 있는 나를 찾아와서 이틀을 함께 보냈다.

그는 광주대 영문과 학생들에게 자신의 고향 웨일스의 울창한 숲에 대해 자랑했다. 잉글랜드 사람들은 게을러서 숲을 가꾸지 못한다는 것이었다. 그는 웨일스의 독립을 꿈꾸는 이상주의자였다. 숲이 없는 잉글랜드를 조롱하는 일이 무엇보다도 기분 좋았던 것 같다. 한국도 반세기 전만 하더라도 울창한 숲이 별로 없었다는 내 설명을 듣고서, 그는 곧바로 한국인의 근면성을 언급했다. 웨일스의 사례와 비슷하다는 인상을 받았던 모양이다.

지금 젊은 세대는 잘 이해하지 못하겠지만, 내가 어렸을 때 고향 마을의 산 대부분이 민둥산이었다. 불과 한 세대가 지난 후 주위의 산과 들 어디서나 울창한 숲의 물결이 펼쳐진다. 숲이 너무 우거져 산을 오르기가 쉽지 않다고 한다. 한국을 방문하는 중국인들이 가장 부러워하는 것 가운데 하나가 숲이다. 급속한 근대화가 낳은 부작용을 그들 스스로 성찰하기 시작했음을 알려준다. 근대 문명은 숲을 없앴지만, 이제 그 문명이 숲을 복원하지 않으면 안 되는 시대가 된 것이다.

탈산업화시대, ‘느림의 문명’을 기다리며

코로나 위기에 대처하는 한국 방역 당국과 정부, 그리고 국민의 태도가 외신에서 화제에 오른 지 오래다. 해외 논평 가운데 한국 특유의 '빨리빨리' 문화가 한몫했다는 기사를 읽는다.

우리나라 사람들의 조급성은 세계적으로 널리 알려졌다. 우리는 인내에 적대적이며 무엇이든지 한꺼번에 해결하려는 성급함을 지녔다. 이런 현상을 민족성과 연결 짓는 사람도 있다. 그러나 이는 근래에 나타난 것이다. 구한말 한국을 방문한 외국인들은 우리나라 사람들의 느린 행동을 자주 언급하곤 했다. 결국 오늘날의 조급성은 압축적 산업화와 밀접하게 관련된 것으로 보인다. 그렇다면 산업화 이후의 사회에서 그런 경향은 점차로 약화될지도 모른다. 시간이 빨라지고 다시 느려지는 것은 산업화의 시차를 반영한다.

1990년 무렵인가 히스로 공항에서 버스를 타고 런던 시내로 들어온 적이 있다. 두 도로가 합쳐지는 곳에서 차량들이 병목현상을 빚었다. 양쪽 길에서 밀려든 차들이 교대로 빠져나가는 데 긴 시간이 걸렸기 때문이다. 교통경찰도 보이지 않았다. 그럼에도 이상하게 흔한 자동차 경적 소리가 들리지 않았다. 버스기사는 졸고 있었고 승객들도 무사태평이었다. 나는 차창 밖을 내다보았다. 승용차나 트럭이나 그저 무작정 기다릴 뿐이었다. 그것은 당시 내게 익숙한 서울이나 광주와 다른, 무척 낯선 풍경이었다.

2005년인가 나는 중국 칭다오를 방문했다가 또 다른 문화적 충격을 받았다. 내가 탄 승용차는 고층아파트가 즐비하게 들어선 도심 번화가를 지났다. 차들이 뒤엉켜 있었고, 교통질서가 엉망이었다. 곳곳에서 경적 소리가 요란했다. 요즘 한국 대도시 도심에서 시끄러운 경적 소리는 거의 사라졌다. 서울과 대조적인 칭다오 거리의 풍경을 보면서 나는 20년 전 런던과 서울을 머릿속에 떠올렸다. 산업화에 따른 시간의 변화를 다시 확인할 수 있었던 것이다.

우리는 특정한 상황에서 나타나는 사람들의 태도를 일반화해 한 나라 사람들의 기질이나 민족성으로 단정 짓기 쉽다. 그러나 장기적인 시간의 흐름 속에서 사람들의 삶의 태도를 관찰하면 변화의 징후를 감지할 수 있다. 산업화도 그런 변화를 가져오는 중요한 요인의 하나일 것이다.

전통사회 사람들은 자연의 지배를 받고 살았다. 그들의 시간 또한 자연의 리듬에 맞춰져 있었다. 그것은 기다림과 영속과 소극적 변화의 시간이며, 어둠과 빛, 추위와 더위, 노동과 휴식 등 서로 대조적인 현상이 교대로 이어지는 흐름이었을 뿐이다. 달리 말하면 그것은 자연적, 농촌적 시간이다. 그만큼 변화가 적기 때문에 사람들은 단조로운 삶을 살았고 그에 따라 시간을 짧게 나눌 필요도 없었다.

그러나 산업화와 더불어 전통적인 시간은 변한다. 산업사회의 시간은 이전에 비해 더 짧게 분할된다. 시간의 세분화는 단위시간에 이루어지는 일의 양이 급증하거나 또는 일정한 양의 일을 하는 데 걸리는 시간이 짧아질 경우에 필요하다. 산업화는 단위시간에 이룰 수 있는 일의 양적 증대를 뜻한다. 산업사회의 시간이 빨리 흐른다는 표현은, 역설적으로 그만큼 단위시간당 변화가 많다는 의

미다. 시간분할의 필요성은 벤자민 프랭클린의 '시간은 돈이다'라는 경구에 집약되어 있다.

시간분할 아래서 사람들의 삶은 지속보다는 변화에, 느림보다는 빠름에 익숙해질 수밖에 없다. 더욱이 산업화를 압축적으로 경험한 우리나라는 다른 나라에 비해 더 급속하게 시간분할에 적응할 수밖에 없었던 것이다. 그러나 이것만으로 우리의 조급성을 다 설명할 수는 없다. 압축적인 산업화는 지금까지 세계 여러 나라에서 겪어왔기 때문이다.

지난 수십 년간 우리 사회를 지배한 '빨리빨리' 문화는 압축적 산업화뿐 아니라 그 밖의 다양한 요인들이 함께 작용한 결과다. 극심한 경쟁문화, 언론 방송의 선동과 선정주의, 독재정권의 대중조작과 동원문화 등, 이 모든 것이 서로 영향을 미치면서 사회 전체가 조급하게 성과만을 기대하는 분위기에 빠져들었던 것 같다. 그러나 요즘 들어 '빨리빨리 문화'도 상당히 변하고 있다. 졸속한 전시행정에 대한 비판의 목소리가 상시적으로 나타난다. 느림을 추구하는 새로운 경향도 나타난다. 빠름과 느림, 어느 한쪽을 강조할 수 없다. 우리 삶에 이 두 가지 측면이 조화를 이뤄야 할 것이다. 그러나 앞으로 근대 이후의 문명이 가리키는 방향축은 분명 '느림의 문명'이 아닐까 싶다. 그렇지 않으면 문명이 지속할 수 없을 테니까 말이다.

콜센터 유감

신자유주의와 세계화라는 이름으로 노동조건이 갈수록 열악해졌다는 것은 원론적으로 알고 있지만, 그 구체적인 실상에는 어두울 수밖에 없다. 뉴스에 코로나 바이러스 집단감염 장소로 보도된 콜센터. 이번에 이곳 비즈니스의 성격을 대충 알게 되었다. 그러니까 1990년대 이후 기업 세계에서 가속된 이른바 감량화slimming down, 경량화downsizing, 기업분할hiving-off, 그리고 하청제sub-contracting의 직접적인 산물인 것이다. 기업의 중심적인 역할을 하는 부서를 제외한 나머지 부서들을 감량화·경량화하고 이런 부서의 기능을 하청 주는 기업 경영의 급속한 변화 추세를 뒤늦게 헤아리게 되었다.

뉴스에 나오는 콜센터 사무공간을 보면서 포스트포디즘시대에 고전적인 포디즘체제가 상존하고 있다는 것을 절감한다. 좁은 공간에 수많은 직원이 근무하는 보도영상을 보면서, 코로나 문제만 따질 것이 아니라, 좀 더 근본적인 문제를 성찰해야 할 것 같다.

하청제의 관행을 되돌릴 수 없다면 하청업체 근무자들이 최소한의 노동조건 아래서 노동할 수 있도록 보장해야 할 것 아닌가. 원청업체가 하청업체를 정할 때 법으로 규정한 노동조건을 충족한 업체와 계약을 하도록 법으로 정해야 할 것 같다. 이를 위반할 경우 하청업체가 아니라 원청업체에 제재를 가해야 한다. 원청업체로서는 억울하다고 할 수 있겠지만, 이미 감량화와 하청제도에서 상당한 이익을 보장받고 있지 않나. 이런 정도 양보를 할 줄 알아야 그래도 선한 기업으로 자긍심을 가질 수 있지 않나 말이다. 그렇지 않으면 나만 잘 살면 되는 승자독식 이데올로기 신봉자를 자처할 것인가.

지금까지 나는 콜센터가 무엇을 하는 곳인지 잘 알지 못했다. 이것이야말로 신자유주의 이후 전 세계의 기업세계에서 불길처럼 번져간 새로운 구호들의 결과물 아닌가. 1990년대 이후 거대기업의 생산 및 경영 부서에서는 감량화, 경량화, 기업분할, 하청제 같은 말들이 횝쓸었다. 《공장의 역사》(2012)를 펴냈을 때, 디지털혁명 이후의 변화, 탈공장의 추세에서 약간 언급한 적이 있다. 그래도 여러 가지로 부족하다는 점을 자인하기 때문에 시간이 허락하면, 그 4부를 전면 수정하려는 생각도 한 적이 있다. 그래도 역시 탁상공론의 한계를 느낀다. 대규모 빌딩에 여기저기 들어선 그 콜센터가 바로 이 신자유주의 광풍과 더불어 퍼져 나간 감량화, 경량화, 기업분할, 하청제의 산물이라는 것을 지금 코로나 위기에 비로소 알게 되었으니 말이다.

사실, 신천지라는 종교단체가 가증스러운 것은 남은 다 죽고 자기네들 일부만 승천(?)하는 것을 대망하기 때문이 아닌가. 신자유주의 추세 이후 새롭게 등장한 하청 분야의 실태를 분야별로 조사하고 일정한 기준을 정한 뒤에 하청계약에서 최소한의 노동조건 구비 여부를 실사해 계약할 책임을 원청업체에 부과하라. 정책 담당자에게 전하고 싶은 말이다.

새로운 '모델'이 절실하다 03

'예방주사'가 된 사스SARS 경험

급변하는 현대 사회에서 역사지식은 이제 효용성을 상실했다고 보는 사람들이 많다. 온고지신, 과거의 성찰을 통해 현재와 미래를 이해한다. 말은 좋은데, 사회의 모든 분야가 너무 급속하게 변하기 때문에 그 변화를 쫓아가기도 어렵다. 어떻게 변화와 정반대되는 과거라는 방향만 바라보겠느냐는 항변이다. 옛날에는 물론 과거의 인간 경험을 통해 어느 정도 교훈을 얻을 수 있었지만, 요즈음은 그 교훈이라는 것이 대부분 적용조차 할 수 없다는 것이다. 영국 역사가 에릭 홉스봄은 이렇게 탄식한다. 이 세계는 더이상 과거가 자신의 역할을 할 수 있는 곳이 아니며, 인류를 안내해온 "이전의 지도와 해도"는 이제 새로운 항해의 나침반이 될 수 없다고.

근래 감염병, 그리고 세계적 대유행병의 역사에서 한 획을 긋는 시기로 중시되는 해는 2003년이다. 그해(발생은 2002년 11월) SARS,

공식적으로는 중증급성호흡기증후군severe acute respiratory syndrome이 세계를 공포로 몰아넣었다. 이후 조류 인플루엔자, 에볼라 바이러스, 메르스에 이르기까지 새로운 바이러스 변종에 의한 감염병이 간헐적으로 창궐해 그에 대한 두려움을 증폭시켰다.

사스 이후 이 바이러스 변종들에 의한 감염병이 공포감을 일으키는 이유는 무엇인가. 우선 이들 바이러스 변종들이 인수人獸공통감염병zoonosis이어서 인간의 면역력이 없기 때문에 치명적일 수 있다는 점이 우려감을 불러일으켰다. 또 세계화에 따른 인구 및 상품 이동의 고속화로 이 감염병이 대유행병pandemic으로 전화할 가능성이 높아졌다는 것, 변이가 좀 더 빨리 그리고 전혀 예측할 수 없는 방향으로 진행되기 때문에 현대 의학기술과 방역체계로도 이를 효율적으로 막을 대책을 마련하기가 쉽지 않다는 것이다.

과거의 사례가 지금의 현실을 이해하는 데 별로 소용없을지도 모르겠지만, 2003년 사스의 창궐과 관련 국가들의 대응에서 그래도 참고할 만한 것을 찾을 수 있지 않을까. 지금 코로나 바이러스는 중국 우한을 중심으로 허베이성에서 창궐해 세계로 퍼져 나갔지만, 사스는 광둥성에서 급속하게 퍼졌다. 그 당시 이 전염병은 주로 중국 경제권의 활발한 교류 열기를 타고 홍콩, 타이완, 싱가포르에서 나타났으며 그 밖에 동남아시아, 북미, 유럽권에도 급속하게 퍼져 문자 그대로 대유행병이 되었다. 그러나 높은 치사율에도 불구하고 전문가들의 예상과 달리, 그 영향은 파국까지 치닫지 않았다. 창궐 기간이 짧았기 때문이다. 당시 중국은 처음에는 은폐하고 방관하다가 문제가 심각해지자 방역과 검진대책을 세웠지만, 그 체계는 매우 취약했다. 이미 십수 년 전의 상황이니까 두말할 필요도 없다.

주변 중화경제권의 홍콩, 타이완, 싱가포르는 상황이 어떠했고 어떻게 대처했는가. 처음 중국 당국은 국제 사회의 우려에 민감하지 않았다. 그러나 이 우려가 중국의 수출경제, 자본유치에 심각한 영향을 주면서 적극적으로 대처 노력을 기울였지만 이미 늦은 감이 있었다. 심각한 영향을 받은 주변국들 또한 자본, 상품, 인력 이동이라는 세계화 추세를 외면할 수 없었기 때문에 단호한 대책을 강구하지 않을 수 없었다.

광둥성과 인접한 홍콩은 직격탄을 맞았고 피해가 속출했다. 관련 입법이 제정되지 않았기 때문에 한 세기 전 광둥성 페스트 창궐 시 당시 식민지 당국이 격리와 검진을 위해 마련했던 법령을 찾아내 이를 근거로 방역대책 마련에 착수했다. 뒤늦게나마 검진, 의심자 격리, 학교 폐쇄, 환자 탑승 항공기 운행 정지 등 과격한 조치를 잇달아 취했다. 전례 없는 이러한 조치는 시민 생활에 충격을 주었지만, 시민 대다수가 이들 조치를 신뢰했다. 언론 또한 공적 책임을 다하는 모습을 보였다. 홍콩 당국의 공식적 방역 활동과 조치에 보조를 맞추어 계몽적이고 계도적인 역할에 초점을 맞췄다.

타이완은 자국과 중국 관계를 둘러싼 국민당과 민진당의 오랜 갈등으로 여론이 분열되어 있었다. 당시 집권당인 민진당은 사스를 중국형 전염병으로 치부했으며 철저한 방역과 대책보다는 오히려 이 기회를 이용해 중국과 교류 활성화를 막으려고 했다. 야당인 국민당은 홍콩을 우회하기보다 타이완-중국 직항로를 개설해 공동 대처하자는 제안을 내놓았다. 이런 갈등 때문에 효율적인 방역과 대처가 이루어지기 어려웠다. 싱가포르는 지금 한국에서 벌어지고 있는 각종 방역대책을 시행했다. 공항에서 철저한 검진, 접촉자 추적, 가정 검역, 격리 등을 통해 몇 주 만에 발병 상황을 통제했으며 2003년 5월 31일 세계보건기구는 싱가포르가 사스에서 벗어났음을 공표한다. 당시 세계보건기구는 싱가포르를 아주 '예외적'인 사례라고 보도했다. 이후 싱가포르의 발전은 이전보다 더 가속되었다.

지금 한국은 어떤가. 방역대책과 그와 관련되어 시행되는 조치는 대체로 효율적이라고 본다. 지금 확진자가 급증하는 것은 그만큼 의심 가는 집단(신천지교도)에 대한 신속한 검진과 관련이 있다. 공항 검진, 접촉자 추적, 경증 환자 격리, 중증 환자 병원 수용, 확진자 출현 및 이동경로 정보의 실시간 제공 등, 다른 나라에서 찾아보기 어려운 조치들이 질병관리 당국 관계자와 자발적인 의료진, 지자체 공무원들의 헌신적인 노력을 바탕으로 시행되고 있다.

그러나 홍콩, 싱가포르의 사스 사례와 다른 정황이 있다. 일상적인 전파에 따른 지역감염이 아니라, 특정 종교집단의 집회와 종교행사를 통한 대규모 집단감염이 발생했다는 점이다. 이것은 상식적으로 현대 사회에서 상상할 수 없는 기묘한 현상이다. 어느 누구도 예측할 수 없다. 위급사태 시 공적 차원을 무시하고 사적 이해만을 추구하는 이런 행태가 수천 수만 명의 사람들에 의해 나타나면 질병 통제는 거의 불가능하다. 다행히 신도 집단을 대부분 파악해 이들에 대해 전수조사 검진, 확진자 격리를 무리 없이 진행하고 있기 때문에 다음 주에는 변곡점에 이르리라고 본다. 이들을 제외하면 지역감염은 산발적으로 나타나고 있어서 아직까지는 통제가 가능하다는 발표다.

정치적 분열은 어쩔 수 없다고 하더라도 언론의 태도가 문제다. 정책적 잘못을 지적하는 것은 당연하다. 그러나 그 지적도 이 상황을 합심해서 타개하려는 의도와 동떨어져서는 곤란하다. 현재 상황을 보도하면서 극심한 공포감을 유발하고 사태 전개를 부정적으로만 바라보는 보도를 계속하는 것은 바람직한 태도가 아니다. 정부도 방역 조치에 대해 여러 가지 부족한 점이 있다는 것을 인정해야 한다. 지나친 자만이 오히려 더 큰 화를 불러왔다. 종교 집단의 돌출성 행태는 정부로서도 역부족이라고 하지만, 초기 방역 상황을 두고 미리 자만에 빠지지 않았는지 자성할 때다. 신천지 집단감염이 불거지기 직전에 문 대통령이 경제 활동의 침체를 가져와서는 안 된다고 하면서 코로나 바이러스 퇴치에 자신감을 표명한 것은 물론 선의에서 나왔겠지만, 결과적으로 방심했다는 비난에 직면하기 쉽다.

인수공통감염병을 생각한다

코로나 확진자 추이를 지켜보면서 어쩌면 이번 주말이나 내주 초 변곡점에 이를 것 같다는 약간 희망적인 전망을 해본다. 전국에서 자원한 의료진, 자치단체 공무원, 그리고 소방대원까지 한마음으로 대구 경북은 물론 전국에서 혼신의 힘을 쏟고 있다. 바이러스와 전쟁을 벌이고 있다. 너무 일찍 앞서나가는 것 같지만, 21세기 들어 새롭게 인류를 위협하는 인수공통감염병zoonosis에 대해 생각하려고 한다.

의학사가들은 21세기 들어 사스의 출현이야말로 전염병의 역사에 새로운 내용을 추가했다고 본다. 사스 이후 조류독감, 돼지독감, 메르스, 코로나 바이러스까지 인수공통감염병의 새로운 특징을 나타내기 때문이다. 더욱이 세계화의 가속으로 전 세계가 통합된 단일시장을 형성하기 때문에 인적·물적 자원의 이동과 교류 네트워크가 발전했다. 이는 새로운 변이를 일으킨 바이러스가 곧바로 대유행병pandemic으로 나타날 가능성이 그만큼 높아졌음을 의미한다.

여기에서 주목할 것은 2003년 이후 일련의 인수공통감염병 대부분이 동아시아 또는 동남아시아에서 시작되어 전 세계로 퍼졌다는 것이다. 이 때문에 새로운 인종주의가 기승을 부리고 특정 지역에 대한 혐오감정이 집단의식으로 표출되기도 한다. 모 신문이 이번 코로나 바이러스를 지금까지 우한 바이러스라고 표기하는 내심도 이런 혐오감과 관련된다. 아마 그 못지않게 중국인 전면 입국 금지 조치를 취하지 않았다고 정부를 비판하려는 의도가 깃들어 있을 것이다.

왜 유독 이들 지역에서 바이러스의 새로운 변이가 자주 일어나는가. 그 변이와 발병 원인에 대한 과학적 규명은 어려운 일이지만, 근래 가속된 이 지역 전체의 급속한 사회변동에서 실마리를 찾아야 할 것 같다. 전반적으로 동아시아 및 동남아 지역은 세계경제에서 가장 역동적인 지역이다. 근대화, 산업화, 세계화가 빠르게 전개되고 국민소득 상승 또한 가장 급속하게 전개되었다. 도시화와 함께 이전보다 소득이 높아진 도시민의 식생활에 커다란 변화가 나타났다. 육류 소비 증가. 서양에서는 전통적으로 소비되는 육류의 주류가 반추동물(소, 양)이었다. 반면, 동아시아 지역에서 늘어나는 육류 소비의 대부분은 닭과 같은 가금류나 돼지로 충당한다.

여기에서 가금류나 돼지의 밀집 사육이 일반화되었고 갈수록 그 규모와 종사자 수가 늘었다. 밀집식 돼지·가금류 사육장의 수는 거의 기하급수적으로 증가했다. 유럽인들은 이것을 공장식 사육

factory farming이라 부른다. 나는 오히려 포디즘 사육 시스템이라고 부르는 게 적절하다고 본다. 구체적이고 과학적인 인과관계는 알 수 없지만, 돼지, 조류를 숙주로 하는 바이러스의 변이, 발병, 창궐은 이런 조건과 밀접하게 관련되는 것 같다. 특히 바이러스 변이는 밀집 사육장에서 폐사를 막고 성장을 촉진하기 위해 가금류와 돼지에게 투여하는 항생제와 항균제에 대한 반응의 일환일 수도 있다는 것이다. 최근에 의학사가들은 이런 변이를 evolutionary fast-track로 표현한다. '진화의 가속경로'라고 할 수 있다.

이런 상황이 바뀌지 않는 한 바이러스는 계속 새로운 변이를 일으킬 것이고, 우리가 예기치 않은 순간에 발병, 창궐, 그리고 세계화의 경로를 따라 대유행병으로 변신할 것이다. 매 순간 어떻게 대처해야 하나? 세계가 우리의 검역, 방역체제를 눈여겨보고 있다. 그렇더라도 그 한계는 분명하다. 결국 변이를 일으키는 토대가 바뀌어야 하는데, 밀집식 사육이 사라져야 한다는 이야기다.

마지막으로 돌아오는 결론은 단순하다. 육류 소비를 줄이는 것. 이 문제는 한 개인의 결단만으로 해결되지 않는다. 무수한 개인이 이런 취지에 공감하고 자신의 삶에서 육류를 적게 소비하는 생활패턴을 받아들인다고 가정하더라도, 사회 전체를 보면 일시적인 현상에 지나지 않는다. 육류의 생산, 공급, 소비를 둘러싼 제도와 조직이 굳건하게 사회 속에 뿌리내리고 있다. 이 제도는 생산과 소비의 연결선에 저해되는 모든 시도와 작용과 운동을 방해하고 적대시할 것이다. 결국 모든 것은 공공성을 위한 정책적 결단에 달려 있다. 한편으로 육류 소비를 줄이는 교육과 소비자운동이 필요하지만, 다른 한편으로는 그 생산과 소비 전체를 아우르는 제도와 조직을 다른 제도로 대체하고 그 부작용을 줄이기 위한 총체적인 정책 결정이 없이는 어떤 변화도 가져올 수 없다. 이 한 가지 측면만 보더라도 현재의 위기는 우리 삶의 방식을 근본적으로 바꾸지 않으면 안 된다는 경고음을 들을 수 있는 것이다.

드레이튼의 '신대학' 모델에서 배운다

런던 킹스칼리지의 역사가 리처드 드레이튼R. Drayton은 제국사 분야에서 이름이 높다. 그는 영령英領 가이아나 출신으로 미국에서 학위를 받은 다음 런던에 자리 잡았다. 언젠가 그의 발표 토론을 맡기도 했고 개인적으로 약간 친분이 있다. 몇 주 전에 그의 부친이 세상을 떠났다. 페이스북에서 그의 부친 헤럴드 드레이튼의 부고를 보고 알게 되었다. 그에게 애도의 메시지를 전했지만 더이상 관심을 두지는 않았다. 어제 그가 페이스북에 고인을 회고하는 긴 글을 올렸다. 글이 너무 인상 깊어 지금까지 여운이 남는다. 한국 동료에게 부친에 관한 이야기를 간략하게 소개해도 좋겠느냐고 물었더니 영광으로 생각한다는 답을 보내왔다.

의학을 공부한 그의 부친은 1960년대 초 서아프리카 가나공화국의 한 대학에서 학생들을 가르치다가 남미 영령英領 가이아나의 정치인 체디 제이건Cheddi Jagan으로부터 가이아나에 와서 토착인 고등교육에 헌신하면 어떻겠느냐는 제안을 받는다. 그는 가이아나의 국립대학을 신설하는 데 주도적인 역할을 맡았다. 그는 명문 대학을 지향하는 기존 대학 커리큘럼에서 벗어나 카리브해 연안국 토착민의 시각에서 세계를 이해하고 자신의 삶의 미래를 개척하는 데 도움이 되는, 그야말로 살아 있는 지식체계를 교육하는 대학 모델을 제시했다. 헤럴드는 자신의 이상을 실현하기 위해 당시 매카시 광풍의 여파로 대학에서 추방된 일단의 학자들을 초청하고, 또 미국 공산당 활동에 참여한 지식인 그룹을 영입했다. 헤럴드는 신대학을 설립하면서, 토착민 젊은이들이 의지만 있으면 사회적 신분, 부의 격차에 관계없이 자유롭게 교육 기회를 얻을 수 있는 시스템 구축에 힘을 쏟았다. 출생과 처지를 떠나 모든 인간이 자신의 잠재력을 완전히 발현하는 데 도움을 주는 고등교육을 꿈꿨던 것이다.

대학 교과과정 자체가 일반 대학과 다른 특이한 면모를 보여주지만, 부친 헤럴드가 특히 역점을 둔 것은 '사회생물학' 과정이었다. 이 교과과정은 모든 대학생들에게 우주의 기원, 생명, 인간의 위치, 인간의 차이, 신화적 능력 등에 대한 이해를 높이는 데 주안점을 두었다. 약 40시간의 수업이 필요했다. 여기에서 더 나아가 인간의 문화적 진화, 도구문화, 가축 사육과 농업, 도시의 발전, 인간의 문화적 비교 등, 자연과학과 인문사회과학, 그리고 예술을 통합한 일종의 융합교육을 시도했다. 이 과정 또한 30시간을 필요로 했다. 헤럴드는 당대 최신 우주론인 빅뱅이론을 설명하면서, 우주의 기원에 관한 여러 민족의 창조신화를 검토하고 그 신화를 만들 수 있는 인간 능력과, 신화의 메시지를 전해주는 예술과 음악의 여러 사례를 소개함으로써 세계를 좀 더 총체적으로 이해할 수 있는 학습의 길을 모색하기도 했다.

그러나 영국을 비롯한 여러 나라 보수적 정치세력의 음모로 진보적 정치인 체디 제이건이 자치령 정부에서 퇴진한 후, 드레이튼의 부친은 자신이 주도해 설립한 가이아나 국립대학에서 학내 정치의 방해에 시달리기도 했고, 결국 1971년 대학을 떠났다. 리처드는 어린 시절의 부친을 회상한다. 달리는 승용차 안에서 그는 수없이 부친의 강의, '사회생물학'을 들으며 세계를 바라보기 시작했다는 것이다. 이제 그의 학문적 배경을 이해할 수 있을 것 같다. 제국사에서 식물원으로 다시 문화사로 종횡으로 전개되는 그의 학문 여정이 어린 시절 이런 훈육에 힘입은 것임을 알게 된 것이다.

04 '우리'만 구원받는 종말론이라니

'때'가 오기를 기다리던 유년의 기억

종말론을 표방하는 교주를 사기꾼으로 고발할 수 없다. 사상과 신앙의 자유는 헌법에 보장된 기본권이니까. 스스로 예수의 후계자라 자처하더라도 사기꾼이라고 비난하기 곤란하다. 그가 후계자가 아니라는 사실을 입증할 수 없기 때문이다. 그러나 입증할 수 있는 경우가 가끔 있다. 그 교주가 때를 적시하고 예언하며 그를 따르는 사람들이 그 정확한 때가 오기를 대망하다가 허망하게 지나가버린 경우다.

기독교 종교문화에서는 대체로 휴거携擧, 한국 신흥종교나 도판에서 후천개벽後天開闢이라는 핵심어가 자주 등장하고, 이들은 결국 '때'와 연결된다. 특히 개신교에서 휴거설은 격세유전적으로 창궐하곤 했다. 사회가 어지럽고 불안할 때는 꼭 휴거론이 기승을 부린다. 신천지 교파도 휴거론으로 무장한 단체임이 분명하다. 그 '때'를 적시했는지는 모르겠지만.

증산교 교파에서도 후천개벽을 대망하는 말세론이 기승을 부렸다. 강증산의 막내제자였던 차경석은 1920년대에 보천교라는 간판을 내걸고 전국 각지에서 신도를 모았다. 교세가 한창 흥할 때는 물경 수십만을 헤아렸다고 한다. 정읍 대흥리에 천여 칸이 넘는 규모의 교당과 전각을 짓고 스스로 미국 천자가 되는 때를 기다렸다. 그가 예언한 날이 1920년대 후반(?) 음력 삼월 삼짇날이었는데, 대흥리 벌판에 전국에서 수많은 사람들이 몰려와 인산인해를 이뤘다고 전해진다. 그는 천자 즉위를 위한 만반의 준비를 갖추고 제단에서 하늘만 쳐다보았지만, 아무런 일도 일어나지 않았다. 나중에 혼절하기 전에 주위 사람들에게 탄식했다고 한다. "자네들은 내게 속았고 나는 증산에게 속았네." 그 후 그는 앓아누웠고, 결국 그가 죽은 다음에 보천교는 해체된다.

나는 어린 시절 종말론적 세계관이 지배적인 집안에서 자랐다. 증산교는 기본적으로 때를 기다리는 종교다. 그 때를 어떻게 해석하느냐는 둘째 문제고, 어쨌든 세상이 뒤집어지고 '우리'가 세상을 구원하며 활갯짓하는 시점이 도래한다는 믿음이 강했다. 그러니 현실에 당면한 일들은 모두 부차적이다. 언젠가 페이스북에 쿠바 미사일 위기와 관련된 에피소드를 올린 적이 있다.

정확한 날은 기억하지 못하지만, 가을 무렵이었다고 생각된다. 유년시절에 내가 살던 고향 마을은 신흥종교 밀집지였다. 증산교 계열과 불교 계열의 신흥종교들이 산골 이곳저곳에 터를 잡고 건물을 세웠다. 계룡산 신도안 못지않게 신흥종교 열풍이 강했던 곳이었다. 내 집안도 증산교 교파에 속했고 선친은 한 종파의 중요한 지도자로 활동하셨다. 그 산골마을에 수많은 신도들이 전국에서 모여들었다. 당시 민심으로는 3차 세계대전이 발발한다는 것이었다. 증산교 계열의 신앙을 가진 사람들은 '후천개벽'이 언제 오느냐에 촉각을 곤두세웠고, 그 개벽이 세계대전이나 치명적인 역병과 함께 도래하리라는 믿음을 가지고 있었다. 그 사람들이 산골마을로 모여든 것은 바로 세계대전이 임박했다는 믿음 때문이었다. 그 믿음에 불을 지른 것은 물론 쿠바 사태다.

내가 살던 집 바로 옆에 수백 년 된 정자나무가 있었다. 평상시에도 그 정자나무 아래 마을 사람들이 모여들어 이야기를 나누고 윷판을 벌이고 장기를 두곤 했다. 문헌을 찾아보아야 하겠지만, 케네디가 최후통첩으로 제시한 시간이 한국 시간으로 밤 9시 무렵이 아니었나 싶다. 마을 주민과 또 타지에서 온 사람들이 정자나무 아래 모여들었다. 그들은 모두 마을 남쪽에 위치한 낮은 산봉우리를 긴장된 시선으로 쳐다보았다. 어린 나도 그 긴장된 분위기 때문에 재잘거리지도 못한 채 산을 쳐다보았다. 그 너머에 바로 황산 미사일기지가 있었다. 케네디의 최후통첩 시간이 지나면 이제 핵전쟁이 일어날 것이 틀림없다. 그 산 위로 불빛과 섬광이 치솟아 오르면 이는 분명 세계대전 발발을 알려주는 것이다.

사람들은 이렇게 생각하고 긴장된 시선으로 산봉우리를 바라보았다. 알려진 바로는, 그 기지에 배치된 서전트 미사일은 베이징을 겨냥하고 있다는 것이었다.

그 당시 나는 왜 사람들이 전쟁이 일어나기를 바라는지 이해하지 못했다. 다만 두려운 마음과 걱정이 앞섰다. 산봉우리를 바라보는 그 몇 분간, 나도 모르게 등에 땀이 배었고 주먹을 쥐고 있었다. 9시(?)가 지나고 나서 주위 몇몇 사람들이 나직하게 한숨을 내쉬었다. 숨죽이던 분위기가 일순간에 달라졌다. 사람들이 와 하고 함성을 지르고 수군대며 떠들기에 바빴다. 자세히 기억하지 못하지만, 그때 나도 안도의 한숨을 내쉬었던 것 같다. 걱정과 우려가 말끔히 사라졌다. 그다음 날부터는 다시 영일 없는 일상의 생활로 되돌아갔겠지만.

사실, 지금 이 시점에서 지구를 걱정하는 진짜 종말론은 필요하다. 내가 점지 받았다거나 내가 후계자라거나 '우리'만 구원받는다는 그런 식의 종말론이 아니라, 이 하나뿐인 지구가 지금 우리 모두 구하려고 노력하며 발 벗고 나서지 않는다면, 이 지구라는 물리적 세계의 종말이 성큼 다가올 것이라는 종말론이 정말 필요한 때다.

두 종교인을 보며

이번 겨울 바이러스 사태로 혼돈에 빠진 두 달간 스스로 자가 격리하다보니 체력도 약해지고 몸이 이전 같지 않다고 스스로 느낀다. 이 바이러스 소동에 자주 보도되는 두 사람 이름이 있다. 전 국민이 바이러스를 경계하고 있는데 반정부 집회를 주도하며 병에 걸리지 않는다고 호언장담하는 전광훈, 바이러스 확산의 본거지가 된 신천지교회 교주 이만희. 그러니까 전혀 이질적이고 성향도 다른 두 사람이 근래 바이러스 때문에 뉴스에서 동시에 등장한다.

이 둘을 이어주는 연결선은 개신교다. 이 둘 모두 왜곡된 한국 개신교문화의 사생아다. '자기애'가 무척 강한 사람들이다. 하나는 개신교 근본주의에 입각한 정치가를 자처한다. 다른 하나는 말세론에 근거, 자신을 중심으로 펼쳐질 천년왕국을 설파한다. 이 전근대적이고 몽상적인 세계관이 어떻게 정립되었고 어떻게 사람들에게 파급력을 갖게 되었는가는 앞으로 따져볼 문제다. 참으로 불가사의하지만, 어쨌든 분명한 것은 이들의 일탈행위와 시대착오적인 작태가 기실 오늘날 한국 개신교문화를 직접 반영한다는 점이다.

한국 근대화를 선도했던 개신교 세력과 문화가 언제부터인가 사회변화에서 낙오되고 탈근대의 사회변동과 문화적 변화에 무지하며 반동적인 태도를 보여주기 시작했다. 이는 두고두고 성찰할 주제다. 특히 종교사회학의 관점에서 곱씹어봐야 한다. 앞으로 시간이 나면 이 문제를 탐색하려고 한다.

어쨌거나 이 두 사람의 망탈리테가 일부 목회자와 신도의 정신세계와 멀리 떨어져 있지 않은 것으로 보인다. 나만의 착각인가? 이 소동이 끝나면 개신교는 지금까지의 완만한 추세의 교세 위축에서 급속한 위축으로 진통을 겪을 것이다. 기성 목회자들은 이 엄청난 충격을 감당할 능력도 식견도 의지도 없을 것이다. 그저 퇴행적인 시선으로 사회를 바라보고 거리를 두려고만 할 것이다. 지금의 변화 속에서 고민하고 새로운 교회의 의미를 되새기며 성찰하는 새로운 젊은 세대가 나서기를 기다려야 한다. 아마 그런 움직임이 도처에서 나타나고 있을 것이다. 절망의 끝에서 희망을 보고, 가장 깊은 수렁에서 내일의 가능성을 보는 것이 삶이다.

05 흔들리는 G2, 새로운 리더십이 필요하다

신종 바이러스 폐렴의 정치학

며칠 전 페이스북에 올린 글에서 다음과 같이 썼다. “이번 신종바이러스 전염병이 시진핑 정권 최대의 위기로까지 비화할지 모른다는 예감이 든다. 이미 초기 대응에 실패했고, 지방 행정 당국이 상부의 눈치를 보느라 미적미적하는 사이에 사실상 방역망이 붕괴되었다. 우한시 전역에 대한 폐쇄 조치는 의미가 없다. 이미 중국은 초기 통제 단계를 지나 확산 단계로 넘어갔다고 본다. 나라가 공황 상태에 빠져 있는데도 관영 언론은 시진핑 띄우기에 열심이다. 이전의 사스 발병 당시와 크게 바뀌지 않았다. 의료시설과 설비와 의료진은 개선되었을지 몰라도, 지방 행정 당국의 상부 눈치보기와, 국민의 안전보다 당 권위의 실추 가능성을 우선시하는 집권층의 태도는 전혀 바뀌지 않았다.”

시진핑의 상황 판단과 정치 감각은 매우 뛰어나다. 초기 대응 실패 후 자칫 정권 차원의 위기로 이어질 가능성을 차단하기 위해 총력 대응을 앞장서서 지휘하고 있다. 오히려 역발상의 오기가 느껴진다. 확산 저지와 방역에 최선을 다하고 조기에 진화함으로써 위기를 기회로, 자신의 집권 기반을 더욱 강화하는 반전의 계기로 삼겠다는 의지를 읽을 수 있다. 말 그대로, 감염 확산을 막고 인명피해를 줄이는 데 성공한다면, 그의 의도대로 집권 기반을 더욱더 강화할 수 있다. 그러나 만일 그 반대의 경우라면 어떻게 전개될 것인가. 향후 확산 속도를 진단하기 곤란하기 때문에 미리 예견하기는 어렵다.

그런데 2000년대 초 사스 창궐 때와 다른 조건들이 있다. 그 당시보다는 인적·물적 자원 동원이 한층 더 용이할 것이고, 방역시설과 조치들이 더 효과적일 것이다. 다만, 당-관료체제의 경직성과 정보 개방의 소극성은 예나 지금이나 비슷하다. 더욱이, 고속철 자체가 조기 확산의 중요한 수단이 되었을 가능성이 높다. 19세기 중엽 황열병과 콜레라가 서아프리카 풍토병 수준에서 중남미, 북미, 그리고 지중해 및 서유럽을 자주 엄습했던 것은 증기선의 출현과 국제무역의 활성화에서 비롯된 것이다. 오늘날 비정상적인 바이러스의 변이와 그에 따른 새로운 전염병 발병은 전 세계적인 인구 이동, 특히 항공기를 비롯한 새로운 이동수단의 급속한 발전에 힘입은 것이다. 무역과 같은 경제 활동뿐 아니라 전 지구적 차원에서 관광여행의 폭발적 증가가 그 확산에 또 다른 유리한 환경을 조성한다.

바이러스 확산과 폐렴 창궐을 막지 못한다면 정치경제적으로 시진핑 정부는 어려움에 직면할 수밖에 없다. 확산 속도를 어느 정도 진정시키는 데 성공하더라도 그 여진은 몇 개월간 지속될 것이기 때문에 정권이 위기에 빠지지는 않겠지만, 중국 경제는 원래 예상과 달리 둔화 과정에 진입할 것이다. 어쨌든 세계적으로 올해는 어려움이 가중되는 시기다. 총선을 앞둔 국내 정치에도 이 예기치 않은 신종 바이러스 폐렴 확산과 창궐이 어떤 영향을 미칠 것인가? 걱정이다. 일단은 보건 당국은 물론 국민 모두가 경각심을 가지고 피해를 최소화할 수 있는 생활태도를 준수하기를 기대한다. 국민의 적극적 참여와 협조 없이는 철저한 방역은 불가능하다.

세계사의 변곡점과 앵글로 아메리카니즘의 조락

역사가는 예견을 꺼린다. 그만큼 인간 사회가 복잡하고 변화를 가져오는 요인들이 너무 다양해서 대체로 예견하더라도 들어맞지 않을 확률이 높기 때문이다. 그러나 이 전대미문의 코로나-19 대유행병을 맞아 근대세계의 토대를 이뤄온 서구 문명, 서구 중심주의, 서구 중심의 세계화가 중대한 변곡점에 이르고 있음을 절감한다. 변곡점을 지났을 때 새로운 변화의 방향이 어디로 향할지 알 수 없다. 그러나 서구에 대한 동아시아와 다른 세계의 도전이 더욱더 강렬해질 것이고, 그에 따라 서구 중심적 가치관과 세계관, 그리고 서구 중심적 세계 표준과 척도를 재검토하려는 요구가 분출하지 않을까 생각한다.

변곡점을 지나는 새로운 시기는 위기가 중첩되고 또 혼란이 가중될 것이다. 이전의 안일과 안락을 옛날의 기억 속에서나 찾아야 할지 모른다. 정상을 되찾기 위해 치르는 고통과 어려움이 장기적인 것은 아니겠지만, 각국이 어떻게 대응하느냐에 따라 편차가 심할 것이다. 정치적 리더십이 중요하다. 더욱이 세계적으로 근대 문명의 자본축적체제와 대량소비체제에 대한 근본적인 회의와 함께 이를 변혁하려는 새로운 조직적 운동과 자발적인 움직임이 전 세계에 퍼져 나갈지도 모른다. 이러한 변화에 능동적으로 대처하고 또 주도해나갈 철학과 신념이 정치 지도자와 정책 결정자들에게 특히 절실하게 요구되는 것이다.

변곡점을 지나면서 두 세기 동안 세계를 지배했던 이른바 앵글로 아메리카니즘Anglo-Americanism의 조락을 예견한다. 미국의 한 컬럼니스트가 트럼프는 20세기만이 아니라 미국 역사상 최악의 대통령이라는 평가를 내렸다고 한다. 이 팬데믹의 위기에 어떤 리더십도 없이 오직 우왕좌왕하는 행태를 보고 실망을 금치 못한 것이다. 그가 매일 하는 인터뷰를 보면 말을 잃을 수밖에 없다. 왜냐하면 어느 정도 대화가 통할 상대가 아니라는 것을 즉각 깨달을 수 있기 때문이다. 그 밑의 참모들이 그동안 얼마나 어려움을 겪었을까 짐작이 간다.

이런 국면에 더욱더 중요한 것은 정치인의 자질이다. 자기 나름의 식견과 세계관과 철학을 가진 사람, 그리고 이전보다 더 공공선에 투철한 사람이 정치 일선에 등장해야 하는데, 전 세계적으로 살펴보아도 그런 사람은 갈수록 보이지 않는다. 대의제 민주주의가 위기에 직면했다는 말이 들린 지는 오래다. 1970년대 이후 서구 각국이나 동아시아나 대의민주주의를 채택하고 있는 나라에서 이와 같이 공적 문제에 헌신하는 그런 정치가를 본 적이 별로 없다. 사실, 오늘날 대의민주주의와 선거제 자체가 자본과의 야합이나 부패구조 속에서 태어난 사생아라는 비난도 있는 형편이니, 그런 정치가의 등장을 대망하는 것이 헛된 꿈일지도 모르겠다.

민주주의의 위기 속에 중국이 공산당 지배체제의 효율성과 탁월성을 강조하는 외교전을 펼치고 있다는 소식도 접한다. 그러나 아무리 좋게 생각해도 중국 지배체제는 10퍼센트가 나머지 국민 위에 군림해 그들을 이끌고 계도하고 지도해나가는 과두지배체제다. 이제는 그 과두지배체체를 넘어서 시진핑 1인의 수중에 모든 권력이 집중되고 있다. 이 또한 시진핑 이후에 엄청난 불안과 진통을 예고하고 있다. 공공선을 위한 헌신과 미래에 대한 예견력과 통찰을 겸비한 그런 정치인의 등장을 대방하는 것은 과연 연목구어緣木求魚에 지나지 않는가.

미국은 과연 '자유의 제국'인가

최근 미국-이란 간의 갈등이 증폭되는 상황을 지켜보면서, 제국으로서 미국을 다시 생각한다. 트럼프 행정부 들어서 미국의 호전적 군사적 제국정책이 기승을 부리고 있다. 거의 고삐 풀린 망아지 비슷하다. 얼마 전에 유럽 정치인들이 앞으로 세계에 가장 위험한 것은 김정은보다 트럼프의 정책이라고 비판한 바 있다.

옥스퍼드대 출신 역사가 니알 퍼거슨은 미국 보수진영 이데올로그로 활동해왔다. 하버드대로 자리를 옮긴 후, 특히 이전 부시 행정부의 정책 결정자들에게 적지 않은 영향을 주었다. 그의 저서 《제국》(2002)은 미국 네오콘을 비롯한 보수파 정치인과 지식인들의 관심을 불러일으키기도 했다. 퍼거슨의 《거대한 석상*Colossus*》(2004)은 '자유주의적 제국'으로서의 미국의 역할을 촉구하는 책이다. 책 이름이 의미심장하다. 왜 '거대한 석상石像'인가. 그 제목은 분명 반세기 전 영국의 정치사상가 해럴드 라스키Harold J. Laski의 언명에서 따온 것이다.

> 미국은 거대한 석상colossus처럼 세계를 굽어보고 있다. 절정기의 로마제국도 경제적 지배력이 최고조에 이르렀던 시기의 영제국도 이렇게 직접 심도 있으면서도 광범위하게 영향력을 행사하지는 못했다.

1947년에 라스키가 이렇게 말했을 때, 그는 점점 다가오는 거대한 제국의 그림자에서 에게해의 로도스Rhodos섬을 위풍당당하게 굽어보았던 석상의 이미지를 연상했을 것이다. 반세기가 지난 후 퍼거슨은 미국이 제국이었다는 것을 당연하게 말한다. 그는 현재까지 세계가 미국의 지원과 도움을 받아왔음을 인정한다. 퍼거슨에 따르면, 오늘날 세계에 필요한 것은 '자유주의적 제국liberal empire'이다. 그것은 "상품, 노동, 자본의 자유로운 국제적 교환"을 보장하고 시장 작동에 필수적인 조건들, 즉 "평화와 질서, 법의 지배, 청렴한 정부, 안정된 금융화폐 정책" 등을 제공하는 제국이다. 신보수주의와 세계화에 가장 적합한 제국의 성격을 강조하고 있다.

미국의 역사에서 많은 정치인과 지식인들이 미국의 제국적 역할을 부정했던 것은 사실이다. 영제국의 지배에서 독립을 쟁취한 과거 역사의 경험이 제국 트라우마로 이어져왔다고 생각할 수 있다. 그러나 시대가 변하면서 그런 소극적 언명은 일종의 수사 이상의 의미를 갖지 않는다.

돌이켜보면, 미국은 제국의 지배 아래서 배태되었으며 토머스 제퍼슨은 '자유의 제국'을 열망했다. 미국의 역사에는 항상 공화주의의 이상과 제국적 힘의 행사 사이에 긴장관계가 나타나곤 한다. 미국이 제국의 힘을 발휘하면서도 멈칫거리는 인상을 주는 것은 이 때문이다. 스스로 제국임을 부정하는 담론은 미국의 정치가와 지식인 사이에 하나의 전통이 되었다.

1926년 미국의 정치평론가 월터 리프먼Walter Lippman은 이렇게 말했다. "우리는 스스로 대국이면서도 평화로운 스위스라고 생각한다. 반면에 우리는 실제로 거대하고 팽창하는 초강대국이다. 아메리카 제국주의는 다소간 '자각하지 못한' 것이라 할 수 있다." 1939년 역사가 찰스 베어드Charles Beard는 "미국은 로마제국이나 영제국이 아니다. 그것은 아메리카일 뿐이다"라고 썼다. 리처드 닉슨조차 자서전에서 이렇게 언급한다. "미국은 인접한 나라들에 대한 제국적 간섭의 역사를 갖지 않은 유일한 강대국이다." 클린턴 행정부의 안보담당 보좌관을 지낸 새무얼 샌디버거Samuel R. Sandyberger는 "우리는 역사상 제국적 힘을 갖지 않은 최초의 강대국이다"라고 천명했으며, 심지어 조지 부시 대통령도

취임사에서 다음과 같이 말했다. "미국은 결코 제국이었던 적이 없습니다. 우리는 제국의 기회를 가졌지만 이를 거부한, 사상 최초의 강대국입니다. 우리는 권력보다는 위대함을, 영광보다는 정의를 더 선호합니다."

그러나 이런 언명은 모두 수사에 지나지 않는다. 퍼거슨이 말한 것과 달리, 20세기 이후 미국은 시종일관 제국적 이익에 충실했다. 다만, 조급해하지 않고도 그 이익을 취할 수 있는 여건 아래서는 '자유주의적 제국'처럼 정책을 펼 수 있었다. 그러나 그런 미국의 세기는 지났다. 이제 다급하고 절박하게 쫓지 않으면 제국적 이익을 거둘 수 없다. 트럼프의 대외정책은 그 자신의 무분별한 모험주의를 반영하기도 하지만, 미국이 호전적이고 절박한 방식으로 제국 이익을 추구하지 않으면 안 되는 현대세계에서 국제정치 및 경제 지형의 변화를 반영하는 것이다.

중국은 '세계'인가

2007년인가 한국서양사학회 창립 50주년 국제학술대회에서 한 중국학자의 토론을 맡았다. 발표자인 베이징대 교수의 이름조차 기억나지 않는다. 학술대회 주제가 '유럽중심주의 극복'이었던 것 같은데, 대회 일주일 전까지도 발표문을 받지 못했다. 아마 2~3일 전에 받았던 것으로 기억한다. 더욱이 그 내용도 급히 작성한 것이라, 눈여겨볼 만한 것이 없었다. 주된 논지는 서양의 헤게모니는 19세기 이후 아주 일시적인 현상에 지나지 않고 이제 극복 중이라는 것이다. 발표문에 케네스 포머란츠의 저술에 관한 언급은 없었다.

포머란츠의 《대분기》가 우리의 역사인식에 끼친 영향은 매우 크다. 구체적인 서술에서 여러 한계를 지적하는 비판이 있기는 하지만, 유럽 헤게모니가 1820년대 이후의 현상이라는 것, 그 이전 시대에 문명의 무게 중심은 아시아에 있었고, 특히 중국의 비중이 절대적이었다는 사실을 다시 일깨웠다는 데 있다. 그런데도 오랫동안 특히 근대 문명=서구 문명이라는 등식에 빠져 있던 한국인들은 서구 문명의 지배력이 그보다 훨씬 이전부터, 즉 early modern이라고 불리는 16세기부터 시작되었고, 또 그들이 근대 문명을 이룩할 수 있었던 토양 또한 서양 중세에 자리 잡고 있었다는 역사관을 수용했다. 서양사 연구자들도 이런 역사인식의 형성에 직간접으로 기여했다는 사실을 인정해야 한다.

애덤 스미스가 강조했듯이, 사회적 분업의 정도는 시장의 크기에 달려 있고, 그 시장의 크기를 결정짓는 것은 인구다. 18세기에도 중국의 인구는 이미 서유럽 7~8개국을 합친 규모였다. 이러한 비중은 오늘날에도 변함이 없다. 광대한 국토와 인구, 이를 생각하면 중국이 개혁개방을 시작한지 불과 40년 만에 G2에 올랐다는 것은 이상한 일이 아니며, '중국의 기적'은 어찌 보면 당연한 현상이다. 아마 포스트코로나시대에 중국의 GDP가 미국을 추월하는 시점이 예상보다 훨씬 더 빨리 다가올 것이다. 현재 미-중 갈등은 미국의 위기의식을 반영한다.

명대明代에 영락제永樂帝는 남방경략에 나섰던 정화鄭和의 귀환을 명령한 후 해금령海禁令을 내리면서 그 이유를 이렇게 들었다. "중국은 '세계'다. 천하만물에 부족함이 없다." 그러니까, 굳이 다른 나라와 교류할 필요가 없다는 이야기다. 이 조치 이후 중국은 갇힌 세계가 되었고, 19세기 이래 서구 열강의 훌륭한 먹잇감으로 전락했다. 중국의 정치가들은 이를 항상 기억할 것이다.

과연 중국은 '세계'인가. 아놀드 토인비는 1929년 상하이의 한 호텔에 투숙했을 때의 경험을 이야기한다. 아침에 며칠 지난 영자 신문을 펴들었을 때 그는 중국의 크기를 다시 실감한다.

> 나는 상하이에서 발행되는 한 신문, 발행날짜가 이미 며칠 지난 신문을 펼쳐들었다. 만주에 혹독한 추위가 몰아치고 있다는 기사가 실렸다. 놀라운 나라가 아닌가! 3천 년 동안 중국인들은 동서남북 모든 방향으로 생활세계를 확대해온 것이다.

그는 후에 일본을 방문하고 다시 만주 및 중국 북부 지방을 여행했다. 그는 만주를 둘러싼 중-일 간의 각축을 지켜보며 승승장구하는 일본의 팽창을 목격한다. 그런데도 중국에 관해 이렇게 적는다.

> 중국은 단일한 국가가 아니라 그 자체가 하나의 세계다. 중국인은 단일한 민족이라기보다 방대한 다민족 사회다. 생물학적으로도 이는 커다란 강점이다. 정치적으로는 큰 약점이기도 하지만.

미중 갈등, 코로나 이후 서구세계의 중국경계론이 비등하자, 이에 대응하기 위해 중국 정부는 다시 비장의 카드를 꺼내들었다고 한다. 이른바 '서부 대개발'. 이전에도 이런 슬로건을 내걸었다. 아마 그 성과는 기대에 미치지 못했던 것 같다. 이번에 다시 이 슬로건을 내걸면서, 국내시장의 확대와 내부 개발을 통해 새로운 수요를 창출하고 중국의 경제 번영을 지속시키겠다는 것이다. 현재 세계질서 아래서 중국이 선택할 수 있는 유용한 카드가 아닐까 싶다. 그 개발이 화석연료에 바탕을 둔 개발이 아니라 친환경적이고 재생에너지에 기반을 둔 소프트한 개발로 나아갔으면 한다.

코로나 위기와 서구의 실패에 관하여

3년 전, 《전염병, 역사를 흔들다》 저자 해리슨이 한국을 방문해 푸른역사 아카데미에서 시민을 대상으로 강연회를 가졌다. 그때 나도 참가했었는데, 그가 한국의 광우병 사태에 관심을 가졌던 이유는 전염병을 사회경제적 차원에서 해석하려는 자신의 기본 입장에 적합한 사례로 보았기 때문이라고 밝혔다. 그의 기본 가설은 기존 사회에 긴장이 누적되고 깊어졌을 시기에 전염병이 내습했을 때, 그 사회적 긴장이 폭발하는 경우가 많다는 것이다. 이러한 폭발의 정도는 다른 몇몇 요인들에 의해 결정되기도 한다. 그때 나는 그의 주장을 깊이 새겨듣지 않았다. 그러다 그가 보내온 한국어판 서문을 통해 이 문제를 좀 더 깊이 생각할 수 있게 되었다.

서구는 왜 코로나-19에 직면해 파국적 상황에까지 이르렀는가? 우선 사회적 긴장이 이전보다 기하급수적으로 높아졌다. 한편으로 세계화와 신자유주의에 따른 양극화, 그리고 다른 한편으로 소수인종 증가와 이들에 대한 다수인종의 차별 및 인종주의에 의해 그 긴장이 심화되고 동시에 광범위하게 퍼져 나갔다.

다음으로, 방역과 긴장의 최소화 등 다양한 측면에서 갈등과 이해를 조절할 수 있는 거버넌스가 중요하다. 물론 서구의 전통에서 이 거버넌스는 설득, 대화, 협조 요구 등을 통해 자발적 동의를 이끌어내는 것이 첩경이다. 인적 자원의 동원도 이 자발적 동의에 기초를 두지 않으면 안 된다. 중국을 비롯한 일부 권위주의 국가에서는 당연히 강제력을 이용하거나 인적·물적 자원의 비자발적 동원에 의거해 코로나 위기에 대처했다. 들어가는 비용이 비싸겠지만 효율성을 발휘할 수도 있다. 그렇더라도 강제 동원과 비자발적 동의에 기초를 둔다는 점에서 서구에서는 이를 높이 평가하지 않는다. 어쨌든 영국과 미국이야말로 이 거버넌스 자체가 형편없었기 때문에 파국으로 치달았다.

마지막으로, 국민적 자신감과 공공성. 이 또한 일부를 제외하고 대부분의 국가에서 아주 낮게 나타났다. 근대 국민국가의 토대라고 할 수 있는 이들 지표가 예상외로 낮게 나타난 까닭은 무엇인가. 아마도 신자유주의 이데올로기 영향이 아닐까 싶다. 개인 위주의 삶이 강조되고 개인주의가 다른 모든 가치보다 우위를 점하는 이런 현상에 서구인 대부분이 너무 익숙해져 있다는 주장이다.

서구 국가들은 이 세 지표가 대체로 동아시아나 동남아시아에 비해 현저하게 뒤떨어져 있었기 때문에 상대적으로 더 엄청난 파국을 맞았다. 특히 영국과 미국은 정치적 거버넌스의 취약성으로 더 심각한 상황에 직면했다. 그리스, 프랑스, 이탈리아도 이 세 지표가 취약해 엄청난 시련을 겪었다. 인종차별에 대한 항의에 가려져 있지만, 양극화에 항의하는 국내소요가 이들 나라에서 잇달았다. 겉으로 보기에 상대적으로 안정되어 보이는 독일에서도 개인감시의 에이전트인 휴대폰 기지안테나와 CT 카메라에 대한 대대적인 공격 등 사회 불안과 소요가 알려진 것보다 더 극심했다.

동아시아나 동남아시아의 소국, 즉 한국, 타이완, 싱가포르 등은 어쨌든 1차 대유행기를 슬기롭게 극복하고 대처하는 것으로 나타난다. 무엇보다 두드러진 것은 국가 거버넌스다. 집권세력의 대처가 매우 적절했다는 것이다. 사회적 긴장이 어느 정도 깊었겠지만, 여기에 나는 한국의 경우 이미 이전 정권을 단죄하는 일련의 항의와 정권교체를 통해 그동안 축적된 사회적 긴장이 완화되었다는 점이 어느 정도 기여했다는 사실을 지적하고 싶다. 일부 극우 보수세력의 항의가 한국 사회에 큰 암초처럼 보였지만 지난 총선 결과를 보면 소수의 과격한 언동으로 과대 포장된 긴장이었다는 것이 드러났다. 거버넌스 자체도 대처 과정에서 전문가에게 일임하고 모든 것을 진실되게 밝히고 국민의 협조를 요구하는 태도로 일관해 호소력을 갖췄다고 본다. 이 과정에서 자연스럽게 공공성에 대한 국민의 관심이 제고되는 일종의 선순환 사이클이 작동했던 것이다.

한국이 특이한 점은 타이완이나 싱가포르가 국가 공권력 행사를 통해 어느 정도 비자발적 동원에 의존하고 강도 심한 봉쇄 조치를 취했던 데 비해, 한국은 강제적 봉쇄 조치를 취하지도 않았고 오직 설득과 협조 요청에 의해, 그리고 가능하면 국민의 자발적 동의에 의해 사태에 대처하려고 노력했다는 점이다. 바로 이 때문에 국민의 자신감과 공공성에 대한 관심이 높아지고 사회적 결속력도 강해진 것이 아닌가 싶다. 봉쇄 조치를 단행하지 않았으므로 한국은 급격한 경제 활동의 위축을 겪지 않았다. 수출 등 거시경제 지표가 하락하는 것은 국제경제의 침체에 따른 당연한 현상이다. 현재 한국경제의 위축 정도는 다른 국가들에 비해 양호한 편이며 세계은행의 장기전망에서도 OECD 국가 중 그 정도가 가장 낮게 나타난다.

여기에 나는 서구의 실패와 관련지어 오리엔탈리즘 문제도 덧붙이고 싶다. 서구 각국의 정치적 지도력이 뭇매를 맞은 것은 오리엔탈리즘적 인식과 일부 관련된다고 본다. 트럼프나 존슨 모두 팬데믹에 뒤늦게 대처했다. 이것은 동아시아의 질병이라는 선입견이 작용한 탓이라고 본다. 편견구조가 전문가의 제언과 충고가 시급한 의제로 올리지 못하도록 작용했다.

마스크 문제만 하더라도 상식 차원에서 그것이 전염 방지에 상당한 효력이 있다는 것을 알 수가 있다. 적어도 자신의 비말이 날리지 않도록 하는 데 효력이 있을 것이다. 그러나 서구 사회에서 초점이 된 것은 마스크가 바이러스를 나르는 '비말'을 어느 정도 막아내느냐에 초점을 맞췄다. 예를 들어, 비말의 30퍼센트를 막지 못했다는 결과가 대서특필된다. 완전한 방지책은 아니라고 하더라도 어느 정도 예방 효과가 있다는 것을 인정해야 하는데도, 서구인 대부분이 작용하는 것을 싫어한다는 것이다. 미국에서는 특히 마스크를 범죄자와 동일시하는 편견이 있다고 한다. 최근에는 마스크가 동양인의 생활과 관련된다는 선입견이 작용한다는 말도 있다.

내가 보기에, 마스크는 원래 동양의 전통과 전혀 관련이 없다. 19세기 후반 근대 위생학이 확립되고 전염을 막기 위한 위생 조치가 표준화될 때, 그 표준의 하나로 등장한 것이 마스크다. 서양에 뒤이어 19세기 말 20세기 초에 발 빠르게 근대 위생학과 공중보건을 확립한 일본에서 의료용 마스크가 일반화되었을 것이다. 그러니까 그 원류를 살피면 마스크는 오히려 서구적 근대성의 한 표현 형태였다. 20세기 근대 의학에 대한 상상 이상의 믿음과 전염병 퇴치라는 신화가 강고하게 자리 잡은 이후 마스크는 서구 사회에서 의료용 이외에는 사용될 필요가 없었고, 따라서 그 생산 자체가 거의 사라졌다고 보는 것이 타당하다. 의료용으로 필요한 것은 아마도 싸구려 중국산이 수요를 충족했을 것이다.

서구인들이 동아시아 사람들이 마스크를 끼고 다니는 모습을 인상 깊게 본 것은 2000년대 초 사스와 조류독감 등 인수공통감염병이 아시아 지역에서 발생했을 때다. 일본은 감기나 독감 걸린 사람들이 타인에게 피해를 주지 않기 위해 스스로 마스크를 끼는 관행이 이전부터 생활 속에 자리 잡았다. 우리에게도 마스크는 거의 낯선 것이었는데, 사스 이후 신종 플루, 메르스, 그리고 최근에 황사와 미세먼지로 마스크 끼는 것이 익숙해진 것에 지나지 않는다.

우주선 '지구호'가 보내온 경고인가 06

잠시 멈춘 세계 앞에서 1

끝없는 자본축적과 소비와 욕망으로 가득한 이 세계가 일순 멈췄다. 1980년대 이후 질주해온 세계화 추세가 팬데믹 앞에 무력하게 움직임을 멈췄다. 모든 나라들이 국경을 걸어 잠그고, 20세기 초까지도 전근대의 표징이라 여겼던 '격리'를 경쟁적으로 시행하고 있다. 공간의 정지만이 아니라 시간도 잠시 정지했다.

이 팬데믹이 물러간 이후 우리는 무엇을 성찰할 것인가. 아니, 우리 스스로 어떻게 변할 것인가? 이는 분명 자연의 경고이자 복수다. 일차적으로는 그동안 지구 자체를 착취하고 더럽히고 오염시킨 인간에 대한 준엄한 경고다. 팬데믹으로 인간 활동이 최소한으로 줄어들었을 때 이 지구환경이 어떻게 변하고 있는가는 단편적인 외신보도를 통해서도 알 수 있다.

중국, 서유럽, 미국 등 공업중심지의 대기가 그렇게 청정해졌다고 한다. 인도의 어느 해변, 올리브 바다거북의 주요 산란지였던 이 해변에 수십만 마리의 바다거북이 산란하기 위해 몰려들었다는 소식이다. 작년에는 한 마리도 이곳에 나타나지 않았다는 것이다. 그 거북이들이 팬데믹을 알았을까. 해변에 인간의 쓰레기와 소음과 불결함이 조금 사라지자마자 바다거북은 기다렸다는 듯이 해변으로 기어 올라온 것이다.

엄청난 경이 아닌가. 우리는 인간만이 오직 이 지구의 주인이고 주재자이고 모든 것을 이용할 권리를 가졌다는 오만한 생각에 빠져 있었다. 우리 주위에 존재하는 이 모든 사물과 생명체와 다양한 종들이 이곳에서 우리와 함께 살아갈 권리가 있다는 것을 잊고 있었다. 그것은 어떤 섭리일지도 모르고, 또는 광대한 우주의 진화 과정에서 우연히 나타난 것일 수도 있다. 그렇지만 이 모든 세계를 관통하는 원리였던 것이다.

어떻게 우리의 탐욕을 줄일 수 있을까? 어떻게 지구에 대한 우리의 착취와 오염과 파괴를 줄일 수 있을까? 어떻게 이 자연의 경고와 복수에 직면해 우리의 삶의 방식을 조금이라도 바꾸려는 노력을 기울일 수 있을까? 위기의 이탈리아. 수많은 사람들이 비통함과 절망에 빠져 있는 지금 이 순간, 프란치스코 교황의 간절한 기도, 손은실 교수가 번역한 그 메시지에서 다음 구절이 가슴을 때린다.

주님, 오늘 저녁 당신의 말씀이 우리 마음에 와 닿습니다. 우리가 사랑하는 것보다 당신이 더 사랑하시는 이 세상에서, 우리는 자신이 강하고 모든 영역에서 능력이 있다고 느끼면서 전속력으로 질주했습니다. 우리는 이익을 갈망하면서, 이 세상 사물에 푹 빠져 있었고, 속도에 취해 있었습니다. 우리는 당신의 부르심에도 멈추어 서지 않았습니다. 우리는 전쟁과 지구의 불의에 직면해서도 깨어 있지 않았습니다. 우리는 가난한 사람들의 외침과 심하게 아픈 지구의 외침도 듣지 않았습니다. 우리는 아픈 세상에서 언제나 건강하게 살 수 있으리라 생각하면서 우리의 길을 흔들림 없이 계속 걸어갔습니다. 이제 우리는 풍랑이 이는 바다에 이르러 주님께 간청합니다. '주님, 잠에서 깨어나세요!'

그렇다. 지금의 이 팬데믹은 인간의 수탈을 더이상 감내할 수 없는 지구가 온 인류를 향해 보내는 절박한 경고다.

잠시 멈춘 세계 앞에서 2

서구 각국이 가장 심각한 코로나-19 위기를 겪고 있다. 수많은 사람들이 감염되고 또 수많은 사람들이 생명을 잃었다. 그들이 겪는 고통과 혼란이 빨리 진정되기를 기원한다.

이 위기는 조만간 진정될 것이다. 그리고 일시 멈췄던 세계는 다시 움직일 것이다. 그렇게 움직이기 시작하면 우리는 직전에 겪은 이 전대미문의 바이러스 위기를 어떻게 바라볼까. 그저 불쾌하고 아픈 기억으로 치부하고 외면하며 잊으려고 할 것인가. 우리 개개인이 어떤 태도를 취하든, 이 대유행병은 세계사적 사건일 뿐만 아니라 앞으로 인류 문명에 중대한 영향을 끼칠 것이라는 예감이 든다. 이 위기의 세계사적 의미를 성찰해야 하지만, 그렇다고 일시적인 감정이나 기분으로 재단하거나 판단할 수 없다. 다만 머리에 떠오르는 몇 가지 단상을 적는다.

이 사건은 근대 서구 문명의 우월성에 치명타를 안겨주고 있다. 근대 유럽 문명의 주도 국가인 독일, 프랑스, 영국이 바이러스의 침공에 거의 속수무책으로 당하고 있다. 인간의 삶의 질을 보장하면서도 상당 수준의 국력과 경제력을 갖췄다고 알려진 이들 나라의 국가 시스템이 제대로 대응하지 못하고 있는 것이다. 어떻게 이런 일이 일어날 수 있을까. 여기에 유럽 문명의 상속자인 미국마저 1월만 하더라도 남의 일처럼 방관하다가 바이러스의 치명적인 공격에 허둥대고 있다. 이에 비해 일당 지배국가인 중국은 차치하고라도, 그 주변의 중화권 소국과 우리나라, 한때 아시아 신흥공업국으로 불렸던 작은 규모의 나라들은 중국처럼 모든 국민을 통제 시스템 아래 감시하지 않고서도 어쨌든 위기를 저지하고 사회 안정을 지켜나가고 있다. 이전 같으면 상상조차 할 수 없는 이 대조적인 현상을 어떻게 이해해야 할 것인가.

이러한 현상은 일단 우리의 일상과 사고 속에 깃들어 있는 서구중심주의에 커다란 충격을 가할 것이다. '서양 다시 보기'가 필요하고 또 그런 분위기가 조성될 것이다. 코로나-19 위기에서 드러난 서구 주요 국가들의 무기력은 근대 국민국가의 전형으로 여겨졌던 이들 나라의 실상으로 그대로 드러냈다. 근대 국민국가는 자기규율적 개인에 기초를 둔 정치적 기제로 알려졌다. 자유, 자율, 공공성 또는 공적 참여는 근대 국민국가의 토대로 알려졌다.

그러나 서구의 실패는 그들이 오랫동안 누려온 자유에 비해 자율과 공적 참여의 가치가 사실상 약화되었음을 단적으로 보여준다. 방역 당국자들의 공적 헌신은 별로 나타나지 않는다. 자유로운 시민의 자율 규제도 찾을 수 없다. 이탈리아와 프랑스는 군 병력까지 동원하고 있다. 미국도 주 방위군을 동원한다고 한다. 이에 비해 한국과 몇몇 중화권 소국들은 어쨌든 시민의 자유와 자율, 그리고 공적 참여에 바탕을 두고 이 위기에 대응한다. 방역 관계자와 관련 공무원들의 헌신적인 자세도 비슷한 것 같다. 공적 헌신이라는 가치가 진하게 묻어 있다.

서구중심주의의 퇴조와 함께 당연히 오리엔탈리즘도 자연 희석될 것이다. 사실, 서구 각국의 정책 담당자들이 대처할 시간 여유가 있었음에도 속수무책으로 당한 것은 그들 내심에 자리 잡은 오만한 오리엔탈리즘 탓이 아니었을까 싶다. 이전 사스, 신종 플루, 조류독감 등이 특히 동아시아 지역에서 나타났기 때문에, 어쩌면 아시아적 전염병이라고 생각했을지 모른다.

아마 더 나가면, 미국 패권주의도 이후에 종국을 맞지 않을까? 이제 서구, 미국 중심의 국제적 표준체계에도 변화의 바람이 일지 않을까? 서구 중심주의의 조락과 미국 헤게모니의 쇠퇴 이후 세계는 어떻게 조정되고 변화할 것인가. 구체적인 전망은 떠오르지 않는다.

코로나-19 이후의 세계에 관하여

이번 코로나 바이러스는 인수공통 감염 바이러스들의 한 변종이겠지만, 지금 드러난 통계적 임상적 증거들만 얼핏 보더라도 2000년 이후 잇달아 출몰한 이전 바이러스에 비해 한층 더 진화한 특징을 보여준다. 지역을 돌아가며 상당 기간 지속적으로 창궐한다. 증세가 나타나기 전에 오히려 전파력이 높고, 대기 중에서도 생존 기간이 길어졌다. 동시에 인간 신체 중 깊은 폐에 직접 침투함으로써 더 빠른 시간 내에 치명적인 손상을 입힐 수 있다.

우리나라도 지금 전염 추세가 꺾였지만 방역 당국에 따르면 잠시도 긴장을 늦출 수 없다는 것이다. 언제 활화산처럼 분출하고 창궐할지 알 수 없다. 그런 위험은 상당 기간 지속된다는 의미다. 선진국으로 여겼던 서유럽 및 북미 국가들이 속수무책으로 치명적인 피해를 겪고 있다. 거의 대책이 없을 정도다. 한편으로 아시아적 질병이라는 오리엔탈리즘의 편견으로 조기 대응의 시점을 놓친 결과다. 이런 점에서는 과학기술뿐만 아니라 정책 결정이 얼마나 중요한지 여실히 보여준다.

최첨단의 기술과 의료와 위생이 한꺼번에 무너졌다. 지칠 줄 모르고 자본의 자기증식에 매진해온 이 전 지구자본주의가 생명체도 아닌, 생명의 기본 물질 중의 하나에 의해 잠시 그 증식을 멈췄다. 상품·자본·노동의 자유로운 이동과 시장통합뿐 아니라, 문화서비스까지 그 통합의 경계를 지구 전체로 넓혀가던 급속한 세계화 추세가 일순간 정지했다. 1, 2차 세계대전의 충격을 넘어선다. 그러나 다른 한편으로, 맹목적인 자본축적과, 이를 위한 인간 활동이 잠시 숨을 고르는 순간에 이 지구가 어떻게 다시 잃었던 생명력과 활력을 되찾고 있는지 여러 외신보도를 통해 목격한다. 대기가 깨끗해지고 한때 사라졌던 희귀동물이 다시 찾아오고 대기 중의 탄산가스 농도가 낮아지는 등 놀라운 기적을 연출하고 있다.

이 팬데믹이 우리에게 보내는 메시지는 무엇인가? 종교인들은 이것을 어떤 섭리라고 생각할 수 있다. 지금까지 지속해온 너희들의 삶의 패턴을 버려라. 그 패턴의 핵심은 욕망의 극대화와 그 충족의 극대화다. 이것도 모든 사람들의 균형 잡힌 충족이 아니라 소수에게로만 집중되는 차별적인 욕구충족의 극대화다. 어쩌면 이것은 지구가 인류에게 보내는 절규로 보인다. 당장 멈춰라! 그렇지 않으면 파멸이다. 지구는 인간에게 이런 말을 하고 싶었는지 모른다. 멈춰 서서 이후의 세계를 바라보며 무엇을 할 것인가를 고민하지 않으면, 이제 더 진화한 바이러스를 내보낼 수밖에 없다. 지구상에 인류라는 종을 절멸시키지 않고서는 이 지구가 더이상 존립

할 수 없으니까.

팬데믹 위기가 지난 후 우리는 무엇을 생각하고 무엇을 해야 하는가. 대답은 명확하다. 이 위기를 겪으면서 그렇게 자신했던 국제공조와 협력체제는 무용지물이 되었다. 우리는 다시 국제공조와 협력을 이끌어낼 수 있는 새로운 제도들을 모색해야 한다. 그리고 우리 자신의 욕구충족의 극대화와 무한한 자본축적을 위한 이 경제적 사회적 모든 제도들을 스스로 바꿔야 한다는 국민적 합의를 도출해야 한다. 이제 실업률이나 경제성장률이나 증권지수의 변동에 신경을 곤두세우는 삶의 방식에서 벗어나지 않으면 안 된다. 경제 활동의 연령에 도달한 모든 시민이 제 나름의 역할을 맡는 대가로 기본적인 삶을 꾸려나갈 수 있는 기본소득의 보장을 받아야 하고, 이제 특정 소수로 부가 집중되는 이 잔인한 메커니즘을 근본적으로 없애야 한다. 자, 대안에너지, 대안농업, 저에너지 활동, 적정생산과 적정소비, 경쟁을 넘어선 상호부조.

이미 19세기 이래 많은 사회이론가들이 주장했던 슬로건을 단순한 이상주의로 치부할 것이 아니라 우리 앞에 놓인 절체절명의 과제라는 인식의 대전환이 필요하다. 팬데믹은 우리에게 무엇을 전해주고 있는가! 위기를 어떻게 벗어날 것인가 보다, 위기 이후에 우리가 무엇을 어떻게 할 것인가. 이것이 더 절실하고 위중한 과제라는 점을 전해준다.

문명의 패턴을 바꿔라

코로나 이후의 세계에 대한 진단이 활발하다. 분명히 세계사의 중대한 변곡점이 되리라는 데에는 동의한다. 그러나 지금 우리가 겪고 있는 단기적인 현상과 단기적인 변화만을 가지고 미래의 변화를 예단하는 것은 어려운 일이다. 사회적 관심을 불러일으키고 지적 담론의 중요한 의제를 제공할 수는 있겠지만, 구체적인 대안이나 확실한 예견을 내놓기에는 아직 시기상조다.

다시 칼 폴라니나 카를 마르크스의 이름이 등장할 수 있을까. 원래 사회사를 오랫동안 공부했기 때문인지, 나는 특정한 개인, 특히 독창적인 사상가를 내세우고 그의 이름으로 글쓰기를 하는 방식을 별로 좋아하지 않는다. 아무래도 엘리트보다는 보통사람들의 삶 자체, 개인보다는 집단에 더 관심을 기울였던 탓이리라. 과거는 물론 현재의 문제를 투시하고 성찰하기 위해서는 그 주체가 내 자신, 내 자신의 사유여야 한다는 생각을 가지고 있다. 이전 시대에 살았던 지식인과 사상가의 담론과 통찰을 살피는 것은 중요하다. 그들의 시각과 견해를 받아들이는 것도 소중하다. 그러나 그들의 의제와 담론은 내가 주체적으로 전유해 내 사유의 자양분으로 작용해야 한다. 그러니까, 그들의 이름을 내세우는 것이 아니라 나의 통찰과 나의 사색을 출발점으로 삼아야 한다.

단기적 경험만으로 이후의 세계를 투시할 수는 없겠지만, 그래도 어느 정도 방향을 잡거나 또는 그 윤곽만이라도 그리는 게 낫지 않을까? 줌 화상수업을 통해 학생들과 얇은 영문 텍스트를 읽다가 잠깐 상념에 빠진 적이 있다. 코로나 방역에 헌신한 정부와 방역 관계자들의 고투를 지켜보면서 인류의 미래를 그려보기도 한다. 코로나 위기 이후 우리는 어떤 세계에 직면하고 또 어떤 세계를 향해 나아가야 할 것인가.

약간 신비주의 냄새가 날지도 모르겠지만, 코로나를 비롯한 21세기 바이러스 창궐은 지구의 자기방어기제와 관련된다는 느낌을 지울 수 없다. 지구가 인류에게 던지는 메시지라는 말이다. 지금까지 문명의 패턴을 바꾸라는 메시지가 아닌가 싶다. 우선 '더러운 자본주의'에 제동을 걸 수 있는 방안을 모색하는 것이 선결과제다. '더러운 자본주의'는 환경 재앙을 불러왔다. 그것이 낳은 사회위기는 양극화다. 그 '더러운 자본주의'에 어느 누구도 제동을 걸기 위해 나서지 않았고 나설 수도 없었다. 이제 '자연'이 그 역할을 대신한 것이다. '더러운 자본주의'가 탑승한 세계화 추세, 그 족쇄 풀린 망아지처럼 가속하던 세계화가 일순 제동이 걸린 것이다. 이제 인수공통감염병의 특징을 지닌 바이러스의 내습이 간헐적으로 나타나고 바이러스 변이에 따른 인간의 대응이 뒤늦을 수밖에 없다는 점이 분명해졌다. 이렇게 보면, 세계화는 어떤 형태로든 변화를 겪을 수밖에 없다.

'더러운 자본주의'가 멈칫거리는 지금 이 시점에서 이제 본격적으로 '적정성장론'을 넘어서 '제로성장' '지속가능한 경제'를 직시해야 한다. 과잉생산과 소비자본주의를 넘어서 적정생산과 적정소비, 그리고 그에 따른 자본축적의 위기를 불가피한 현실로, 그러면서도 인류가 반드시 지향해야 할 미래로 받아들여야 한다. 이럴 경우 제도적으로 "기본소득제도, 철저한 사회안전망, 부유세, 욕망 해소를 중심으로 하는 기존 삶의 패턴에 대한 철저한 반성" 등이 동시에 진행되어야 한다. 이를 위해 교육에서부터 시민운동까지 사회 전 부문에 이와 같은 움직임이 확산될 수 있도록 노력을 기울여야 한다. 그리고 또 국제 거버넌스는 어떻게 바뀌어야 할 것인가.

말은 이렇게 하지만, 우리는 어떤 방향으로 나가야 하는가, 그리고 그렇게 하기 위해 우선 무엇을 해야 하는가. 참으로 막막하기만 하다. 개인이 느끼는 이 막막함과 절박감, 이를 벗어나기 위해서는 다수가 함께 고민하지 않으면 안 된다. 우선 코로나 이후 세계에 관해서 사회 여러 분야에서 좀 더 많은 사람들이 좀 더 많은 토론과 대화의 기회를 갖기를 원한다.